행복한 도전

16인의 기록
지리산에서 설악산까지 1천 9백 리

행복한 도전
16인의 기록 지리산에서 설악산까지 1천 9백 리

초판 1쇄 발행 2022년 9월 30일

지은이 이용주
펴낸이 장길수
펴낸곳 지식과감성#
출판등록 제2012-000081호

교정 서은영
디자인 이은지
편집 이은지
검수 양수진, 이현
마케팅 고은빛, 정연우

주소 서울시 금천구 벚꽃로298 대륭포스트타워6차 1212호
전화 070-4651-3730~4
팩스 070-4325-7006
이메일 ksbookup@naver.com
홈페이지 www.knsbookup.com

ISBN 979-11-392-0672-2(03810)
값 13,000원

- 이 책의 판권은 지은이에게 있습니다.
- 이 책 내용의 전부 또는 일부를 재사용하려면 반드시 지은이의 서면 동의를 받아야 합니다.
- 잘못된 책은 구입하신 곳에서 바꾸어 드립니다.

지식과감성#
홈페이지 바로가기

백두대간 이야기

행복한 도전

16인의 기록
지리산에서 설악산까지 2천 9백 리

이용주 지음

걸어서 백두대간 풍경을 담다! 16인의 1,793일 기록
"난생처음 행복한 도전" 긴 여정(旅程)이 시작되다.

지식과감성#

목차

지리산 2014.08.15-2014.09.27 • 9

1구간 • 10
중산리~성삼재휴게소 33.47km 박철순, 이해영, 장태홍, 이용주, 김호연

2구간 • 16
성삼재휴게소~여원재 19.36km 박철순, 이해영, 장태홍, 이용주, 김호연

3구간 • 19
여원재~복성이재 19.80km 박철순, 이해영, 장태홍, 이용주, 김호연, 오을섭

4구간 • 22
복성이재~육십령 30.57km 박철순, 이해영, 이용주, 김호연

덕유산 2014.11.08-2015.02.28 • 25

5구간 • 26
육십령~황점마을 16.08km 박철순, 이해영, 이용주, 김호연, 이태웅, 최미란

6구간 • 30
황점마을~빼재 23.00km 박철순, 이해영, 이용주, 이태웅, 최미란

7구간 • 35
빼재~소사고개 8.20km 박철순, 이해영, 이용주, 이태웅, 최미란, 이혜련

8구간 • 38
소사고개~부항령 12.50km 박철순, 이해영, 이용주, 이태웅, 최미란, 이혜련

9구간 • 41
부항령~우두령 18.70km 박철순, 이해영, 오을섭, 이용주, 김호연, 이태웅

10구간 • 45
우두령~쾌방령 12.42km 박철순, 이해영, 오을섭, 이용주, 김호연, 이태웅

속리산 2015.03.07-2015.08.15 • 51

11구간 • 52
쾌방령~작점고개 19.10km 박철순, 이해영, 이용주, 김호연, 이태웅, 최미란, 이혜련

12구간 • 56
작점고개~개터재 15.44km 박철순, 이해영, 오을섭, 이용주, 김호연, 이태웅

13구간 • 59
개터재~신의터재 17.80km 박철순, 이해영, 오을섭, 이용주, 김호연, 이태웅

14구간 • 63
신의터재~비재 19.25km 박철순, 이해영, 이용주, 김호연, 이태웅, 최미란, 이혜련

15구간 • 68
비재~밤티재 18.16km 박철순, 이해영, 이용주, 김호연, 이태웅, 최미란, 이혜련

16구간 • 76
밤티재~버리미기재 19.42km 박철순, 이해영, 이용주, 김호연, 최미란, 이혜련

17구간 • 87
버리미기재~은티마을 14.77km 이해영, 이용주, 김호연, 이태웅, 최미란, 이혜련

18구간 • 90
은티마을~이화령 19.88km 이해영, 이용주, 김호연, 이태웅, 최미란, 이혜련

소백산 2015.09.05-2015.12.19 • 97

19구간 • 98
이화령~하늘재 17.47km 이해영, 이용주, 김호연, 이태웅, 최미란, 이혜련

20구간 • 108
하늘재~안생달마을 20.13km 이해영, 이용주, 김호연, 이태웅, 최미란, 이혜련

21구간 • 116
안생달마을~저수령 15.00km 이해영, 이용주, 김호연, 이태웅, 최미란, 이혜련

22구간 • 123
저수령~죽령 20.00km 이해영, 이용주, 김호연, 이태웅, 최미란, 이혜련, 현영기

23구간 • 133
죽령~고치령 25.16km 이해영, 이용주, 김호연, 이태웅, 최미란, 이혜련, 이성재

24구간 • 141
고치령~생달마을 14.70km 이해영, 이용주, 김호연, 이태웅, 최미란, 이혜련

25구간 • 148
생달마을~도래기재 15.00km 이해영, 이용주, 김호연, 이태웅, 최미란, 이혜련

태백산 2016.01.01-2017.04.08 • 155

26구간 • 156
도래기재~화방재 24.30km 이해영, 이용주, 김호연, 이태웅, 최미란, 이혜련, 곽희성

27구간 • 165
화방재~두문동재 11.60km 이해영, 이용주, 이태웅, 최미란, 이혜련

28구간 • 172
두문동재~건의령 16.30km 이해영, 오을섭, 이용주, 이태웅, 최미란, 이혜련, 박정민, 허성찬

29구간 • 176
건의령~댓재 18.91km 이해영, 이용주, 이태웅, 최미란, 이혜련, 허성찬

30구간 • 186
댓재~무릉계곡 관리사무소 17.73km 이해영, 이용주, 이태웅, 최미란, 허성찬, 이시형

31구간 • 197
무릉계곡 관리사무소~이기령마을 21.26km 이해영, 이용주, 이태웅, 최미란, 허성찬, 이시형

오대산 2017.04.22-2017.06.11 • 207

32구간 • 208
이기령마을~삽당령 31.21km 이해영, 이용주, 이태웅, 최미란, 허성찬, 이시형

33구간 • 218
삽당령~대관령 27.50km 이해영, 이용주, 이태웅, 최미란, 이시형

34구간 • 227
대관령~진고개 24.10km 이해영, 이용주, 이태웅, 최미란, 이혜련, 이시형

35구간 • 235
진고개~구룡령 21.90km 이해영, 이용주, 이태웅, 최미란, 이혜련, 이시형

설악산 2017.06.24, 2019.06.15-2019.07.13 • 245

36구간 • 246
구룡령~조침령 20.30km 이해영, 이용주, 이태웅, 최미란, 이혜련, 이시형

37구간 • 250
오색~한계령 15.60km 이해영, 이용주, 최미란, 이시형, 이종찬

38구간 • 256
한계령~미시령 25.25km 이해영, 이용주, 최미란, 이시형, 이종찬

39구간 • 265
미시령~진부령 16.44km 이해영, 이용주, 최미란, 이시형, 이종찬

지리산

1구간

(2014.08.15.)

"난생처음 행복한 도전" 긴 여정(旅程)이 시작되다.

백두대간 종주 첫 등반을 계획하고 실천하고 있는 지금!

몇 년 동안 지인들과 주말 등산을 하면서 백두대간 종주를 해 보자는 의견 속에 몇 달 동안의 준비 과정을 거쳐 백두대간 첫 등반을 시작한다. 설렘과 두려움, 완주를 하겠다는 목표, 중요한 것은 좋은 분들과 함께 동행(同行)한다는 것과 불타는 의지, 도전(挑戰)을 하고 있다는 사실에 나는 스스로를 대견스럽게 생각한다.

장엄한 산 지리산(智異山)을 기억하다.

첫 종주를 함께하고 있는 이들의 얼굴엔 긴장을 해서인지 굳은 표정이 역력했다. 백두대간 1구간, 중산리탐방안내소~성삼재까지 32km, 긴 여정을 나와 박철순, 이해영, 장태홍, 김호연 님 이렇게 5인은 밤 9시 40분 역삼동 사무실에 모여 커피 한 잔을 마시고 차량에 탑승, 약 340km 거리를 3시간 15분가량을 소요하여 성삼재 휴게소에 12시 45분에 도착을 했다. 타고 온 차량은 휴게소에 주차하고 새벽 1시 10분 지인의 도움으로 중산리탐방안내소로 이동해 인증 샷을 찍고 새벽 3시 20분 지리산에서 설악산까지 백두대간 완주를 목표로 첫 등반을 시작했다. 지리산 3대 봉우리 중 하나인 천왕봉(1,915m) 정상까지 앞으로 5.4km, 야간 산행이라 주변 경치는 볼 수 없지만 완주를 하겠다는 마음으로 첫 목적지인 천왕봉 정상으로 길을 재촉했다. 중간중간 휴식을 취하며 출발한 지 2시간 30분을 넘기면서 선두를 앞질러 천왕봉 정상을 향해 올라갔다.

주위는 컴컴하고, 적막함과 고요함 속에 한 발 한 발 걸을 때마다 "달그락 달그락" 하는 소리에 갑자기 무서움이 엄습해 오며 의식적으로 뒤를 훑어보다 걸음을 재촉한 기억이 아직도 생생(生生)하다. 배낭에서 '코펠과 젓가락'이 서로 부딪치는 소리였다.

숨 가쁘게 정신없이 도착한 곳은 개선문, 새벽 6시 20분 앞으로 천왕봉 정상까지 0.8km 남았지만 여명은 진작에 밝았고 6시 45분쯤 남강 발원지(천왕샘) 안내 표지석에서 잠시 한숨 돌리고 천왕봉 정상까지 단숨에 올라갔다.

8월 한여름의 천왕봉 정상은 새벽 공기가 차갑고 바람도 세차게 불어와 바람막이를 하나 더 껴입고 바위 뒤편을 찾아 바람과 추위를 피하며 일행들을 기다리고 있었다. 한참을 기다린 끝에 일행들과 합류해 천왕봉 정상에서 인증 샷만 찍고 바로 장터목대피소로 출발했다. 대피소에서 간단히 라면으로 아침 식사를 하고 아침 8시에 다음 목적지 세석대피소(3.6km)로 출발했다.

선두에 박철순, 이용주, 김호연, 장태홍, 이해영 님 순으로 산행은 계속되었다. 산행 6시간째 몸은 지쳐 가고 다리근육은 풀리면서 힘든 만큼 걷는 속도도 느려지고 점차 쉬는 시간도 많아졌다.

안개가 끼고 가랑비까지 내리면서 조망은 없고 날씨가 좋았으면 하는 아쉬움 속에 지리산 종주가 힘겨운 산행이 될 것이라 짐작은 했지만, 이렇게 힘든 산행일 줄은 상상(想像)조차 못했다.

천왕봉 정상 7.8km를 지나, 벽소령대피소까지 앞으로 3.6km, 현재 시간 오전 11시 24분(8시간 소요), 예상 시간보다 많이 지체돼 변수가 생길지 몰랐다.

처음 겪는 긴 산행 시간으로 인해 결국 뿔뿔이 헤어지고 말았다.

간밤에 오면서 주유소들이 문을 닫아 차량 기름이 바닥인 상태로 주차를 해 둬 주유소가 문을 닫기 전에 누군가 한 사람이 제시간에 도착을 해야만 했다. 이해영 님이 차량 기름을 넣기 위해 벽소령대피소로 가기 전 홀로 성삼재휴게소로 떠나면서 남은 우리에게 벽소령대피소에서 하산을 당부하며 떠났다. 오후 12시 45분 벽소령대피소까지 남은 거리 0.6km, 엎친 데 덮친 격으로 오른쪽 다리의 경련으로 진통제를 먹고 아픈 다리를 두들겨 가며 산행을 이어 갔다.

나뿐만 아니라 모두가 체력 저하를 느끼는 모양이었다. 어렵게 벽소령대피소에 도착해 지친 몸을 추스르고 휴식을 취했다.

"기로(岐路)에 서다" 두 갈래 길 중 선택을 해야 한다. 지리산 종주를 완주할 것인가? 중도에서 하산을 선택할 것인가?

연하천대피소부터 통과 제한 시간이 있었다. 결국 남은 우리는 제시간에 도착을 못하고 통제 시간에 걸리고 말았다. 하지만 더 큰 문제는 지친 몸으로 성삼재까지 넘어갈 수 있느냐 하는 부정적인 상황에 서로가 마음의 결정마저 못하고 있었다.

하지만 나는 포기할 수 없었다. 어떻게든 지리산 종주와 백두대간 첫 구간 완주를 해야 한다는 집념 하나로 본인이 고집을 피워 가며, "넘어갑시다. 여기까지 왔는데 포기는 못합니다! 같이 못 가시면 저 혼자라도 넘어가겠습니다!"라며 강하게 고집을 부렸다.

하지만 의견 일치를 보지 못한 가운데 체력 저하로 힘들어하는 장태홍 님은 내려가자 하고 박철순, 김호연 님은 중립 상태에서 김호연 님이 장태홍 님 혼자 보낼 수 없다는 생각에 두 분은 음정마을로 하산을 선택했고, 박철순 님께서는 나와 함께 성삼재로 동행하기로 하였다. 장태홍, 김호연 님은 음정마을로 나와 박철순 님은 성삼재 목적지를 향해 힘찬 재출발을 하게 되었다. 토끼봉에서 이해영 님하고 전화 통화 중 이해영 님은 연하천대피소로 되돌아가 하산하라 얘기하고, 난 포기할 수 없다는 생각에 가겠다고 했다.

앞으로 노고단대피소까지 8.1km. 마지막 힘을 내 성삼재로 향했다. 만만치 않은 산행 거리와 12시간을 훌쩍 넘긴 산행 시간에 몸은 지쳐 가고 날은 점점 어두워지고 있었다.

등산로 곳곳에 "반달곰과 마주치게 된다면?", "반달곰 출몰지역" 등의 문구들……. 바짝 긴장하며 가는 중 금방 본 것처럼 보이는 멧돼지 배설물, 그리고 갑자기 등산로 옆 비탈진 어두컴컴한 곳에서 반달곰 새끼인 듯 '꺅~'소리에 놀라 지친 발걸음을 재촉했다.

어둡고 고요함 속 앞에 짙게 보이는 봉우리만 넘으면 되겠다 싶어 힘을 내 보지만 봉우리를 넘으면 또 봉우리가 나오고 지친 발걸음을 더 지치게 만들었다. 그렇게 결국 도착한 곳은 노고단 정상, 그때서야 안도의 한숨을 쉬게 되었다. 앞으로 노고단대피소까지 1.3km. 다 왔구나 하는 생각에 힘이 나기 시작했다.

노고단대피소에 도착, 이렇게 반가울 수가 없었다. 앞으로 성삼재까지 남은 거리는 3km, 차량도 다닐 수 있는 임산도로로 걷기에는 편했으나, 지친 몸 탓인지 긴 시간 지루함을 온몸으로 느끼며 끝이 보인다는 생각만으로 온 힘을 다해 내려왔다. 지리산 종주 산행 시간 18시간 40분 밤 10시 드디어 성삼재휴게소에 도착했다.

애타게 기다리던 이해영 님을 반갑게 만났다. 모두가 함께 동행(同行)을 못해 아쉬운 마음과 예상 시간보다 많이 소요되었지만 끝까지 포기하지 않고 지리산 종주와 첫 구간을 완주했다.

  뿌듯한 마음으로 나 자신에게 칭찬을 해 주고 싶었다. 흐뭇한 마음에 아스팔트 바닥에 대자(大字)로 누워 밤하늘에 반짝이는 별빛을 잠시 감상한 기억이 난다.

2구간

(2014.08.23.)

지난 지리산 구간을 18시간 40분이 걸려 도착한 이곳 성삼재휴게소 아스팔트 바닥에 누워 버렸던 이곳에 다시 왔다. 중산리에서 성삼재까지 힘들게 종주했던 기억을 뒤로한 채 새로운 여정(旅程)을 위해 뿔뿔이 흩어졌던 멤버들이 다시 모였다.

그리고 모두들 백두대간 종주를 위하여!

펼쳐진 아름다운 능선을 보면서……

백두대간 2구간, 성삼재~고리봉~만복대~정령치~큰고리봉~고기삼거리~노치마을~수정봉~입망치~여원재까지 20km이다.

오전 7시 5분 성삼재휴게소에 도착해 데크에 짐을 풀고 휴게소에서 간단한 아침 식사를 한 후 밝은 표정으로 인증 샷을 찍고 오전 8시 46분 여원재를 향해 산행을 시작했다. 야간 산행과는 달리 아침부터 탁 트인 시야가 한눈에 들어오고 힘찬 걸음으로 첫 목적지 만복대(1,438.4m)로 향했다. 8월의 한여름 날씨가 기승을 부리고 등산로는 숲으로 우거져 바람 한 점 없다. 내리쬐는 태양열은 숲들이 막아 주고 있으나 온몸은 땀으로 범벅을 한 채 고리봉(1,248m)

을 지나 중간중간 경치 좋은 곳에선 가던 길을 멈추고 휴식도 취하고 인증 샷도 찍으면서 2시간 30분을 걸어 오전 11시 15분 만복대에 도착했다.

만복대는 많은 복을 차지하고 있다고 하여 만복대라는 이름이 붙었다고 전해진다.

화창하고 맑은 날씨로 걸어온 능선들과 지리산이 보이고 앞으로 가야 할 능선들까지 한눈에 펼쳐졌다. 선두에 장태홍, 박철순, 이용주, 김호연 님 그리고 인증 사진을 찍어 주기 위해 맨 뒤에선 이해영 님이 있었다. 그렇게 도착한 곳은 정령치휴게소(1,172m). 오후 12시 15분 휴식과 함께 점심 식사를 하고 인증 샷도 찍었다.

편안한 숲길도 나오고 아스팔트 길도 걸었다. 고기삼거리를 벗어나 교회 앞 노치마을 기념석을 통과하고 수정봉을 바라보며 노치마을 쪽으로 발길을 재촉했다. 도착한 곳은 노치쉼터. 그곳의 벽화, 노치마을 경로당 옆의 백두대간과 14정맥 안내석 앞에서 인증 샷 "독사진은 필수, 단체 사진도 필수"

유명한 노치샘(550m) 이정표를 지나 여원재까지 6.7km, 노치샘 옆 임산도로 노란 표시기 방향을 지나 수령 250년 된 왕소나무 4본 앞에서 인증 사진을 찍고 오후 4시에 수정봉을 향해 출발했다.

이어지는 오르막길을 숨 가쁘게 올라 노치마을을 출발한 지 40분이 지나 노치 0.8km, 수정봉 1.0km, 여원재 5.3km의 이정표 앞에서 잠시 휴식을 취했다. "백두대간 수정봉 해발 804.7m"라 새긴 한반도 모양의 정상석이 사람 키보다 훨씬 큰 몸통으로 서있고 수정봉 안내판 옆에는 이정목이 있다. 이곳에서 여원재까지 4.2km로 100분이 소요된다고 알리고 있다. 잠시 휴식을 취하고 또다시 출발······. 여원재 3.1km 안내 표지판이 보인다. 현재 시간 오후 5시 47분. 그리고 1시간 20분이 지났을 즈음 여원재 방향으로 길을 잡고 민박집을 지나 걷다 보니 전봇대 앞에 세워진 이정표에 여원재 0.2km, 후미팀을 뒤로하고 나홀로 걷고 걸어 오후 7시 17분 날머리 여원재에 도착했다. 잠시 후 일행들이 도착하고 금방이라도 눈알이 튀어나올 것 같은 왕방울 눈을 한 "운성대장군" 석장승 앞에서 인증 샷을 찍는 것을 마무리로 2구간 산행을 낙오자 없이 무사히 완주했다.

3구간

(2014.09.13.)

    백두대간 3구간, 여원재에서 복성이재까지 18km, 박철순, 이해영, 장태홍, 김호연 님과 오늘 처음으로 합류한 오을섭 님까지 6인은 3구간 들머리 여원재에 새벽 3시 24분에 도착했다.

    여원재(호남과 영남의 경계) 이정표 좌측엔 유치삼거리 10.5km, 우측에는 노치샘 6.7km라고 되어 있고 새벽 3시 50분 우리는 좌측 방향으로 어둠을 헤쳐 가며 산행을 시작했다. 여원재에서 출발해 2시간을 걸어 새벽 6시 3분 고남산(846.8m)에 도착했다. 고남산 정상에는 짙은 안개가 자욱하고 날씨는 흐렸지만 우리 일행들 얼굴은 밝았다.

    인증 사진을 찍고 이어질 산행을 위해 잠시 휴식도 취했다.

    고남산은 높이 846.8m이다. 가재~수정봉~고남산~여원치로 이어지는 백두대간의 산으로 전라북도 남원시 운봉면 북서쪽의 산동면과 경계를 이루며 솟아 있다. 정상에 서면 운봉분지와 산동면 일대가 한눈에 들어온다.

    오전 6시 28분 여명이 밝아 오기 시작했다. 고남산부터 매요마을까지 오면서 새벽 동트는 모습도 보고 그리 높지 않은 유치재, 매요마을까지 편안한 능선 길을 따라 오전 8시 57분 매요마을에 도착했다.

남은 길을 가기 위해 휴식도, 에너지 보충도 선택이 아닌 필수다.

매요리(梅要里) 유치삼거리가 있는 매요마을은 백두대간 선상에 위치하며, 마을의 지형이 좌청룡 우백호로 명당이고, 지세는 말의 허리 형국을 닮았다 하여 마요(馬腰)라고 불렸으나, 사명당이 마을이 매화 같다 하여 매요리로 고쳤다고 전한다.

오늘은 아침 식사가 특별하다. 오을섭 님이 준비한 무항생제 돼지고기 삼겹살 파티, 아침부터 고기가 웬 말인가 하겠지만, 불판 앞에 앉아 진지한 자세로 고기와 상추, 그리고 막걸리를 백두대간길에서 먹는 그 맛은 아직도 잊을 수가 없다.

아침 식사는 화기애애한 분위기로 1시간가량 지속되었다.

상추는 마을 밭에서 공수하고 매요마을 휴게소에서 추가로 조달한 막걸리에, 누구누구는 아침부터 막걸리에 취해 완주가 걱정이다. "상추 값은 농부들을 위해 상추 뽑은 자리에 지불해 드리고……"

기억에 남을 매요마을, 배부른 식사와 막걸리를 먹고 알딸딸한 술기운으로 대간길 날머리 복성이재로 출발해 모래재에서 새맥이재를 지나 복성이재로 향하는 백두대간길은 참으로 유순했다.

기분 좋은 대간길을 걷고 걸어 날머리 복성이재에 오후 3시 47분에 도착했다. 산행 11시간 동안 모두가 건강하고 즐거운 마음으로 완주했다. 깜깜한 밤중에 어디가 어딘지 구분이 안 가는 데다 대간길을 찾기란 얼마나 어려운지 안다. 짙은 어둠 속에 숨어 있는 길을 찾아 나선 이해영 님께 감사드린다.

4구간
(2014.09.27.)

   백두대간 4구간, 복성이재~육십령 18km, 박철순, 이해영, 김호연 님과 밤 12시, 여느 때와 다름없이 역삼동 사무실에 모여 백두대간 4구간을 향해 출발했다. 장수군과 함양군의 경계인 복성이재에 새벽 3시 56분에 도착했다. 함께했던 장태홍 님과 오을섭 님이 빠진 가운데 복성이재(550m)~치재~꼬부랑재(665m)~다리재(850m)~봉화산(919.8m)을 향해 오늘도 어둠을 헤쳐 가며 야간 산행을 시작했다. 복성이재에서 출발한 지 얼마 후 철쭉 군락지 매봉(712m)에 새벽 4시 20분 도착하고 봉화산 정상까지 3.3km 발길을 재촉했다.

   아침 6시 서서히 여명이 밝을 무렵 봉화산(919.8m) 정상에 도착했다. 넓게 펼쳐진 능선의 아름다운 풍경을 뒤로하고 새벽 6시 30분쯤 일출과 운무도 감상하며 유순한 능선 길을 따라 광대치(3.2km)를 향해 갔다. 오전 7시 등로길 옆의 시원스런 바위에 앉아 탁 트인 전망과 일출을 기분 좋게 바라보며 휴식을 취한 후 산행을 이어 가며, 중간중간 잠시 가쁜 숨도 고르고 전망 좋은 자리에선 인증 샷도 찍으면서 산봉우리를 몇 개 오르내리고 나니 오전 8시 42

분 월경산 정상(981.9m)에 도착했다.

중치까지 남은 거리 1.9km는 오솔길처럼 유순한 길을 걷고, 중치를 지나 백운산 정상(1,278.6m)까지 3.8km를 남겨 두고 좋은 식사 장소를 찾아 간단히 점심 식사를 하고 오후 1시 백운산 정상에 도착했다.

식사를 하고 산행을 이어 가 오후 2시 55분 도착한 곳은 영취산 정상(1,075.6m), 육십령까지 11.8km. 아직 한참을 가야 한다.

사람 키보다 큰 산죽길을 헤쳐 걸으며 도착한 곳은 민령, 깃대봉까지 1.3km 남았다. 오후 5시 52분, 3시간을 더위와 사투하면서 구시봉(1,014.8m)에 도착하니 금세 어둑어둑해지더니 깜깜한 밤중처럼 올라갈 때 랜턴을 켜고 하산할 때도 랜턴 불빛에 의존하며 내려 왔다. 마지막 힘을 다해 오후 7시 20분 날머리 육십령에 도착했다. 산행 시간 13시간 30분이 걸려 백두대간 4구간을 모두 함께 완주하고 차량에 탑승해 서울로 향했다.

덕유산

5구간
(2014.11.08.)

　백두대간 5구간, 육십령휴게소에서 황점마을까지 16.08km, 박철순, 이해영, 김호연 님과 그리고 오늘 처음 합류한 사랑하는 아내 최미란 님, 가족 같은 이태웅 님. 그렇게 6명은 밤 12시 역삼동 사무실에서 만나 5구간 들머리 육십령휴게소로 향했다.

　장태홍 님은 개인 사정으로 차일피일 시간을 잡지 못하다 끝내 함께할 수 없어 40여 일 만에 백두대간 5구간 육십령휴게소에 새벽 2시 51분 도착했다. 초겨울 날씨는 무척이나 추웠다. 육십령휴게소~할미봉(1,026.4m)~덕유교육삼거리~남덕유산(1,508m)~월성재(1,340m)~삿갓봉(1,419m)~삿갓재대피소~황점마을을 향해 새벽 산행을 시작했다. 출발한 지 1시간을 넘겨 새벽 4시 할미봉에 도착했다. 정상석에 빨갛게 새겨진 글씨가 인상적이다.

　할미봉은 함양군 서상면을 지나 전북 장계면으로 넘어가는 육십령 고개 바로 북쪽에 솟아 있는 암봉이 할미봉이다. 함양을 지나가는 백두대간이 한눈에 바라보이는 할미봉은 기암괴봉의 운치와 산봉우리를 중심으로 계절에 따라 형형색색의 아름다움으로 오가는

사람의 마음을 사로잡는다.

덕유교육삼거리에서 잠시 가쁜 숨을 고르며 휴식을 취했다.

처음 합류한 아내는 주말에 근교 산행에 늘 함께 동행했지만 대간길에서는 힘겨워하는 모습이 역력했다. 오전 6시 55분쯤 여명이 밝아 오고 사방으로 탁 트인 전망에 상쾌한 기분을 만끽하고, 또다시 출발해 오전 7시 43분 서봉(1,492m)에 도착했다. 이어지는 산행 길은 운무(雲霧)와 어우러진 산하가 아름다워 모두들 밝은 웃음으로 인증 샷도 찍으면서 오전 8시 32분 남덕유산(1,507m) 삼거리에 도착했다. 삼거리에서 좌측 방향은 향적봉대피소까지 15km. 이정표가 방향을 가리킨다. 산행 시간이 길어지면서 잠 한숨 못 잔 무박 산행과 추운 날씨로 일행 모두는 힘겨워하는 모습들이 역력했다. 남덕유산 삼거리 공터에서 추위도 피하고 허기도 달래기 위해 이곳에서 아침 식사를 하기로 했다. 아침 식사로 준비한 컵라면은 물을 끓여 부어도 날씨가 너무 추워 면발이 풀어지지 않아 먹을 수가 없어 라면 국물만 조금씩 마시고 빈속에 오전 산행을 이어 가야만 했다.

남덕유산 정상에 모두는 없었다. 이리 봐도 좋다. 저리 봐도 좋다.

남덕유산 정상을 가기 위해서는 100m를 올라가야 한다. 일행들은 힘들어 해 휴식을 취하라고 남겨 두고 이해영 님과 둘만 정상은 찍고 내려오겠다며 올라갔다. 정상에는 세찬 바람이 몰아치고 바람을 따라 순간순간 움직이는 운무와 눈앞에 펼쳐진 산세 모습은 가히 환상적이고 감탄을 금할 수 없었다. 아마도 이곳에 안 올라왔으면 후회했을지도 모른다. 힘들었던 만큼 보상을 받은 셈이었다.

모두가 함께 멋진 광경을 보지 못해 아쉬웠다.

남덕유산은 경상남도 거창군의 북상면 월성리, 함양군 서상면 상남리, 전라북도 장수군 계북면 원촌리 사이에 위치한 산이다 (1,507m). 남덕유산은 덕유산의 최고봉인 향적봉 남쪽에 위치한 덕유산 제2봉이다. 금강, 남강, 황강이 이 산에서 발원한다. 산에는 신라 헌강왕 때 심광대사가 창건한 영각사가 있다.

아직 갈 길은 멀고 시간도 많이 지체됐다. 오전 8시 54분 육십령에서부터 시작해 8.5km를 왔다. 삿갓재대피소까지는 3.98km를 더 가야 한다.

오전 산행 길은 유순(柔順)했고 양옆에는 키 작은 산죽들이 즐비해 동무 삼아 걸어가는 기분 좋은 산행이었지만 처음 대간길에 합류한 아내는 웃음을 잃어버리고 힘들어하는 모습이었다. 나는 안타까운 마음이 들었지만 산행은 오로지 본인 의지와 인내로 가야 했다. 하지만 인증 샷 찍을 때만큼은 활짝 웃는 아내의 모습이 보기 좋았다.

가야 할 길은 아직 먼데 예상 시간보다 많이 지체한 상황이고 덕유산까지 남은 거리 14.4km, 이 속도론 케이블카 시간에 맞춰 도착할 시간이 도저히 안 됐다.

행선지의 변경은 불가피했다. 삿갓재대피소에서 항점마을로 내려가기로 했다. "선택은 탁월했다."

삿갓재대피소에 도착한 시간 낮 12시 12분, 황점마을까지 남은 거리 4.2km, 앞으로 천천히 하산해도 2시간이면 충분하다는 생각에 다소 안심하며 하산을 시작했다. 급경사에 내리막 계단을 지나자 자갈길이 발걸음을 무겁게 하고 우측에선 계곡 물소리가 들려왔다. 마지막 힘을 다해 걸음을 재촉했다. 산행 시간 10시간 40분을 걸어 오후 1시 40분 황점마을에 도착했다. 이태웅 님과 김호연 님은 룰루랄라 활짝 웃으며 하산하는 모습이 보기 좋았다.

추운 날씨에 힘겨운 산행이었지만 모두들 즐겁고 행복하게 백두대간길을 무사히 하산하게 되어 감사했다.

6구간
(2014.11.15.)

  백두대간 6구간, 황점마을~빼재(신풍령) 23km, 박철순, 이해영, 이태웅, 최미란 님과 함께 2주 연속 대간(大幹)길 들머리 황점마을로 향했다. 새벽 4시 7분 황점마을에 도착하니 새벽 날씨가 몹시 추워 서둘러 겨울 산행 준비를 마치고 황점마을~삿갓재대피소~무룡산(1,491.9m)~동업령~백암송, 송계사거리(1,503m)~횡경재~지봉, 못봉(1,343m)~월음재~대봉~갈미봉(1,211m)~빼봉(1,039.3m)~빼재(신풍령)을 향해 새벽 산행을 시작했다. 급경사에 너덜거리는 돌길을 막바지 힘을 다해 하산을 재촉했던 바로 이 길, 삿갓재대피소까지 가는 길이 하산할 때와는 사뭇 색다르다. 처음으로 백두대간 겨울 산행 길로 일주일 전과는 날씨 변화가 확연하게 차이가 났고 바닥 곳곳에는 빙판길로 겨울의 흔적들이 보였다. 삿갓재대피소까지 4.2km를 2시간 만에 도착했다. 오전 5시 55분 삿갓재대피소에서 따뜻한 어묵탕으로 아침 식사를 대신하고 오전 6시 33분 서둘러 다음 구간으로 출발했다. 일출 시간이 다가오자 하늘에서는 검은빛 사이로 아침 여명이 붉게 타올랐다. 우리는 그것을 보고 자연의 아름다움에 감탄사를 내뱉으며 도취되어 갔다. 바닥에는 눈이 쌓여 있었고 간간이 희미한 눈발이 내리기 시작했다. 일출과 함께 첫눈을 인증 샷에 담았다. 걸어가면 갈수록 사방에 펼쳐진 눈꽃들과 상고대가 겨울 산행의 맛과 즐거움을 더해 주고 있었다.

"겨울의 눈꽃 산행이 백미다", "우리는 복(福)이 많다", 사방으로 펼쳐진 흰백의 설경과 아침 여명, 그리고 운무(雲霧)와 조화는 환상적이다.

오전 7시 20분 가벼운 걸음으로 무룡산(1,491.9m)으로 향했다. 능선 길을 걷고 있는 등로길은 그리 어렵지 않았고 풍경에 취해 함께 자연 속에 있는 우리 일행들 얼굴은 행복함으로 가득했다. 오전 7시 30분, 무룡산 정상으로 가기 전 어떤 사진작가 두 분을 만났다. 작가분들은 추위로 머리부터 발끝까지 모포를 뒤집어쓰고 일출과 어우러진 설경의 모습을 연신 카메라에 담고 있었다. 사진작가의 요청으로 우리는 가던 길을 멈추고 일일 모델도 하면서 추운 날씨에도 시간 가는 줄 모르고 한참을 머물러 있었다. 지난 구간과는 달리 힘겨워하는 모습들은 감쪽같이 자취를 감추고 연신 밝게 웃으며 인증샷도 찍고 상쾌한 기분을 만끽하며 천천히 걸어 오전 7시 50분 무룡산 정상에 도착했다.

무룡산은 경상남도 거창군의 북상면 산수리와 전라북도 무주군 안성면 죽천리 사이에 위치한 산이다(1,492m). 남덕유산에서 북쪽으로 산줄기가 이어져 삿갓봉과 무룡산을 이루며 북쪽에 동업령이 있다. 산의 동쪽사면에서 산수천이 발원하며 산수계곡을 이룬다. 덕유산국립공원에 속한다. 무룡산은 조선시대에 불영봉(佛影峰), 불영산(佛影山)이라고 불렸다.

무룡산 정상석을 사이에 두고 아내와 함박웃음으로 눈 맞춤 하는 모습을 이해영 님이 카메라에 담아 주고……
안내 표지판에 향적봉 8.4km, 걸어가면 갈수록 설경(雪景)으로 덮인 환상적인 광경에 눈도 마음도 호강(豪强)을 했다. 지난주에 남덕유산 정상에서 세찬 바람과 함께 흐르는 환상적인 운무(雲霧)를 보았다면 오늘은 짙게 깔린 운무 속에서 붉게 떠오르는 태양과 상고대로 어우러진 모습에 또 다른 자연이 주는 선물을 감탄하며 눈으로 볼 수 있는 건강함에 감사했다.

동업령은 전라북도 무주군의 안성면 공정리에 소재한 고개다. 공정리 통안에서 거창군 북상면 월상리로 넘어가는 재를 말한다.

이 고개에서 동업령까지는 망봉(1,046m)을 지나고도 가파른 경사면을 지나가야 하므로 높고 멀어서 혼자는 못 가고 여럿이 모여야만 올라갈 수 있었다고 전한다.

남은 거리 16.8km, 아직 갈 길은 멀다. 그리고 시간도 많이 지체됐다. 하지만 이곳에선 발길을 재촉하진 않았다. 오전 8시 20분 6.2km를 왔다. 능선은 유순(柔順)했고 설경과 상고대 사이로 찬란하게 빛나는 아침 햇빛은 너무나 아름다웠다. 보이는 모든 모습들을 눈과 가슴에 담으며 그렇게 한참을 걸어 오전 11시 34분 백암봉 정상에 도착했다.

12.4km, 7시간 30분 걸어 오늘의 구간 중 절반을 넘기고 있었다. 제법 햇볕도 따뜻해서 두꺼운 겉옷을 벗고 땀도 제법 흘렸다.

덕유산으로 향하는 이곳……. 눈도 마음도 호강(豪强)을 했다. 하지만 겨울 산행 거리에 따라 얼굴 표정들이 달라진다.

오후 1시 40분, 한참을 왔다. 17km를 걸어 못봉(1,342.7m) 정상에 도착하니 정상석이 빈약하다. 앞으로 신풍령까지 6.1km 남았다. 겨울 산행의 23km 거리는 체력 소모가 많아 만만치는 않았다. 겨울 햇볕은 강렬했다. 아침과는 달리 눈은 많이 녹아 있었고 산행 시간이 길어질수록 일행들이 힘겨워하는 모습들이 보이기 시작했다.

앞으로 월음재까지 1.1km, 등로길은 미끄러워 비탈길은 밧줄을 잡고 조심스럽게 내려와야만 했다. 먼저 도착해 일행들을 바라보니 저 멀리 갈대숲에 보이는 최미란, 박철순, 이태웅, 이해영 님이 차례대로 올라오고 있었다. 대봉(1,263m)에 도착하니 오후 2시 58분, 신풍령까지 남은 거리 3.7km, 안내 표지판에 보이는 숫자가 반갑다. 오후가 되면서 날씨는 맑고 기온이 올라 상당히 덥다.

오후 3시 26분 잠시 휴식을 취하고 다시 신풍령을 향해 출발했다. 뚜벅뚜벅 걸어 오후 3시 54분 갈미봉에 도착하고 앞으로 신풍령까지 남은 거리 2.6km. 다 왔구나 생각하며 마음속으로 힘을 내자 다짐했다. 오후 4시 44분 빼재에 도착했다. 앞으로 날머리 신풍령까지 1.0km 남았다. 30분 남짓 가면 되는 거리이다. 오후 5시 14분 드디어 빼재 신풍령에 도착했다. 산행 시간은 13시간이 소요됐다.

도착해서 인증 샷은 기본, 우리 모두는 오늘 산행이 평생 추억으로 간직될 것으로 생각하며, 나름대로 눈과 마음까지 호강(豪强)도 했지만 힘든 산행이기도 했다. 모두들 힘든 만큼 즐겁고 행복한 백두대간길을 무사히 완주한 것에 감사하고 자연의 위대함과 아름다움을 볼 수 있다는 것에 다시 한번 감사한 마음을 가져 본다.

모두들 수고하셨고 함께해 주심에 감사드린다.

7구간
(2015.01.17.)

　백두대간 7구간, 빼재(신풍령)~소사고개 8.20km, 박철순, 이해영, 이태웅, 최미란, 이혜련, 이용주 6명이 멤버다. 지난주에 이어 김호연 님은 참석을 하지 못하고 아내 최미란 님의 동생 이혜련 님이 처음으로 합류한 날이다. 해를 넘겨 두 달 만에 대간길에 나섰다. 다른 때와 달리 구간거리를 짧게 잡아 조금 늦은 새벽 5시에 사무실에 모여 백두대간 7구간 들머리 소사고개로 향했다. 계획은 12.5km였다. 오전 8시 12분 빼재 신풍령에 도착하니 한겨울 날씨답게 몹시 춥고 눈도 많이 내렸을 뿐만 아니라 도로는 빙판길이라 차량으로 등산로 입구까지 갈 수가 없어 도중에 도로 옆에 차량을 주차하고 도로를 따라 등산로 입구까지 도보로 이동했다.
　오전 8시 21분 빼재(신풍령)~수정봉~삼봉산(1,254.8m)~소사고개 아침 산행을 시작했다. 수정봉까지 1.2km(45분 소요) 겨울의 매서운 추위와 세찬 바람에 맞서야 했다. 가파른 목재 계단을 지나 초입 능선부터 하얀 눈이 발목까지 쌓였다. 아침 햇살에 반짝거리는 발자국 하나 없는 흰 눈은 정말 보기 좋았다.

발자국을 옮길 때마다 뽀드득 뽀드득 하얀 발자국 소리!

오전 10시 20분 가벼운 걸음으로 삼봉산(1,254.8m)으로 향했다. 삼봉산까지 0.6km 남았다. 일행 모두는 동심의 세계로 돌아가 하얀 눈과 벗이 되어 간간이 휴식도 취하면서 산행을 이어 가고 걸어가면 갈수록 설경으로 덮인 눈꽃에 눈도 마음도 또 한 번 호강을 했다.

오전 11시 삼봉산 정상에 도착하니 눈발이 간간이 날렸다.

소사고개까지 3.1km 남았다. 그러나 경사가 가팔랐다.

하얗게 눈 덮인 가파른 경사 길을 엉덩이 썰매로 하산했다.

시간이 지날수록 겨울 햇볕은 강렬했다. 삼봉산 정상에서 소사고개까지 가파른 경사 길로 이루어져 있다. 무려 520m를 급경사 하산 길을 내려가야만 했다. 조심스럽게 내려가도 여지없이 엉덩방아들을 찧으며 하산해야만 했다. 오늘 구간 중 아직 반도 못 왔다.

눈앞을 가로막고 있는 삼도봉(1,249m)을 500m 내려온 만큼 다시 치고 올라가야만 했다. 눈도 많이 쌓여 그만큼 체력 소모가 심해 결국 소사고개에서 초점산(삼도봉)은 다음 구간으로 미루고 오후 12시 50분경 점심 식사를 하고 차량이 주차돼 있는 소사마을 탑선슈퍼 앞에 오후 2시 30분 도착해 오늘 구간 산행을 마무리 지었다.

8구간

(2015.01.24.)

　백두대간 8구간, 소사고개~부항령 12.5km, 박철순, 이해영, 이태웅, 최미란, 이혜련, 이용주 6명은 지난주와 같이 조금 늦은 시간 사무실에 모여 백두대간 8구간 들머리 소사고개로 향해 오전 8시 8분에 도착했다. 날씨가 너무 추워 서둘러 산행 준비를 하고 소사고개~초점산(1,249m)~대덕산(1,290.9m)~덕산재~853삼각점~부항령까지 아침 산행을 시작했다. 초점산까지 3.1km(1시간 20분 소요 예정) 겨울답게 매서운 한겨울 추위와 찬바람에 맞서야 했다.

　아침 햇살을 마주 보며 굽이굽이 눈 덮인 길을 따라 편안한 레이스 상고대로 눈이 부시다. 그리고 흠뻑 반했다.
　한참을 걷다 보니 초점산까지 0.4km 남았다. 오전 9시 48분 숨차게 비탈길을 단숨에 올라 초점산 정상에 도착해 커피 한 잔과 인증 샷을 찍고 잠시 숨 고르기를 하면서 휴식도 취했다. 저 멀리 가야 할 능선이 한눈에 보이고 앞으로 1.4km, 45분만 더 가면 대덕산이다. 날씨는 맑은데 뿌연 연무 탓인지 시야가 멀리까지 열리지는 않았다. 산죽길을 연이어 오르내리고 허벅지까지 빠지는 비탈진 눈길을 지나 걸어가면 갈수록 설경(雪景)으로 덮인 상고대와 맞닥트렸다. 가는 곳마다 온 강산이 흰 눈에 덮여 있었다. 그렇게 걸어 오전 11시 대덕산 정상에 도착했다.

대덕산은 높이 1,290m. 남서쪽의 삼봉산(1,254m)·덕유산(1,508m), 북쪽의 민주지산(1,242m) 등과 함께 소백산맥에 솟아 있다. 또한 영·호남 지방의 분수령으로 금강의 지류인 무풍천과 낙동강의 지류인 감천(甘川)이 각각 동서 사면에서 발원한다. 산 서쪽은 덕유산국립공원, 남동쪽은 가야산국립공원이 인접한다.

하얗게 눈 덮인 능선을 따라 양옆으로 키 작은 억새풀들이 우리들을 반긴다.

대덕산(1,290m) 정상에서 덕산재(644m)까지 647m가량을 곤두박질치듯 비탈진 눈길을(2.8km) 하산해야 했다. 지그재그 비탈길을 쉼 없이 내려와 얼음골 약수터에서 약숫물로 목을 축이고 김천과 무주를 넘나드는 고갯길 백두대간의 길목 덕산재에서 길을 멈췄다.

　오후 12시 30분 덕산재에 도착해 허기진 배를 채우기 위해 차가운 바람을 피해 따스한 양지바른 장소에서 꿀맛 같은 점심 식사를 하고 부항령까지 4.2km, 오후 산행을 이어 갔다. 눈길 산행은 결코 쉽지가 않았다. 산행 시간 8시간 40분 만에 오후 4시 40분 드디어 부항령에 도착, 겨울 눈길 산행에 모두들 얼굴엔 싱글벙글 웃음이 가득했고, 즐겁고 행복한 산행을 무사히 완주하게 되었다.

9구간
(2015.02.07.)

   백두대간 9구간, 부항령~우두령 18.7km, 박철순, 이해영, 이태웅, 오을섭, 김호연, 이용주 6명이 멤버다. 멤버가 가끔은 바뀐다.
   3주째 참석 못했던 김호연 님이 합류하고 3구간에 참석했던 오을섭 님이 두 번째로 합류했다. 최미란, 이혜련 님은 일상 업무가 우선이라 애석하게도 참석하지 못했다. 지난 구간 눈길 산행에 힘은 들었지만 즐거웠던 기억이 난다. 밤 12시 사무실에 모여 백두대간 9구간 들머리 부항령으로 새벽 산행을 하기 위해 출발했다.
   새벽 3시 28분 부항령에 도착해 산행 준비를 하고 3시 37분 부항령(680m)~백수리산(1,034m)~1170삼각점~삼도봉(1,177.7m)~밀목재~화주봉(석교산1,195m)~우두령(칠매재 720m)까지 어두운 밤길을 찾아 산행을 시작했다. 백수리산까지 2.2km, 헤드 랜턴 불빛을 밝히며 첫발을 내디뎠다. 초입 길목엔 눈이 보이지 않았다.

   이제는 익숙해진 야간 산행. 고요한 어둠 속에 헤드 랜턴에 비친 불빛을 따라 힘차게 첫발을 내딛는다.

차근차근 비탈길을 올라갔다. 오름길을 조금 오르자 길목엔 수북이 하얀 눈이 쌓여 있었다. 새벽 5시 12분 백수리산 정상에 도착해도 아직 주위는 캄캄하고 잠시 동안 휴식을 취하고 다음 구간 삼각점으로 눈길을 밟으며 산행은 이어졌다. 오전 6시 54분 어둠 속에 다 같이 나란히 서서 인증 사진으로 한 페이지 추억도 남기며 걸었다.

길 안내를 하는 이해영 님이 잠시 후미로 자리를 옮기고 선두팀이 눈 깜박할 사이 어둠 속에서 첫 번째 길을 잃었다. 이해영 님이 길을 찾아 나섰다. 이리 뛰고 저리 뛰어 결국 고생 끝에 길을 찾았다.

오을섭 님이 자연현상으로 대열에서 이탈해 이해영 님이 기다렸다 합류하면서 선두팀이 길을 잃어 다시 가야 할 길을 찾아 산행은 계속되고, 아뿔싸, 이럴 수가 방금 전만 해도 맑은 날씨에 우리가 갈 능선이 보였는데 순식간에 뿌연 연무가 바람에 휩싸여 사방이 한 치 앞도 보이지 않았다. 백두대간길에 별별(別別) 변수가 많다. 변화무쌍한 자연의 변화에 놀랐다. 다행히 언제 그랬나 싶게 연무는 걷히고 평온을 되찾으며 우리는 발길을 재촉했다. 오전 7시 43분 여명이 밝아 오면서 나뭇가지 사이로 떠오르는 붉은 일출이 아름다웠다.

하얀 눈에 덮인 등산로에 백두대간 시그널리본이 보이지 않았다. 이번엔 어둠 속이 아닌 밝은 곳에서 두 번째 길을 잃었다. 또 뒤를 지켜 주던 이해영 님이 길을 찾아 나섰다. 큰일 날 뻔했다. 하지만 정말 대단했다.

삼도봉(1,177.7m)으로 향하는 길은 오솔길도 나오고 완만한 오르막길도 나오고 그래도 힘이 든다. 오전 10시 17분 삼도봉 정상에 도착했다. 전라도, 경상도, 충청도(道)를 향해 세 마리 거북조각 기단 부위에 대리석으로 용 세 마리가 까만 오석(烏石)으로 만든 해 같기도 하고 달 같기도 한 여의주 원구(圓球)를 떠받치고 있다.

좌측으로 약 2.9km 가면 석기봉을 지나 민주지산(1,241.7m)이 나온다. 민주지산은 한국의 100대 명산에 속하는 유명산이다.

1998년 일어난 우리의 젊고 혈기왕성한 군인들이 황당하고 어이없게 춘사월의 동사(凍死) 사건으로 기록된 아픈 기억이 있는 곳이다. 경상도, 전라도, 충청도를 향해 세 마리 거북조각 탑 배경으로 각자 개성적인 포즈로 인증 샷을 찍었다. 우측으로 우두령을 향해 발길을 옮겼다. 오전 10시 24분 밀목재로 이어지는 산행, 7시간을 넘기고 있었다. 오늘 가야 할 날머리 우두령까지 10.8km 남았다. 아직 절반을 못 온 상태다. 시간을 많이 지체해 발길을 서둘러 보지만 곳곳이 빙판길이라 좀처럼 속도를 낼 수가 없었다. 오전 11시 34분 가던 길을 멈추고 양지바른 장소를 찾아 휴식 시간을 가지고 꿀맛 같은 점심 식사를 했다. 박철순 님이 양주 반 병을 가져왔다.

추위를 달래기 위해 한 잔씩 나눠 마셨다. 과유불급(過猶不及). 지나치면 부족함만 못했다.

밀목재에서 석교산까지 4.4km(2시간 15분 소요 예정) 발목까지 눈에 빠져 가며 걸어갔다. 1,089.3m 정상 암벽에 걸터앉아 휴식을 취했다. 현재 시간 오후 2시 50분, 30분가량 걸었다. 암벽 구간 로프도 타고 올라 석교산(1,195m) 정상에 도착했다. 오후 4시 30분, 13시간째. 겨우 15.2km를 걸어왔다. 겨울 눈길 산행은 속도를 낼 수도 없고 곳곳이 빙판길로 결코 쉽지 않다고 느꼈다. 우두령까지 3.5km(1시간 05분 소요 예정) 다행히 완만한 비탈진 곳, 하산을 서둘렀다. 일행들이 뿔뿔이 흩어져 오후 6시 부항령에서 출발한 지 14시간 30분만에 날머리 우두령에 도착했다. 터널을 기준으로 좌측은 충북 영동, 우측은 경북 김천, 마무리는 인증 샷으로! 모두들 즐겁고 안전사고 없이 완주함에 감사함을 가져 본다.

10구간
(2015.02.28.)

　백두대간 10구간, 들머리 우두령에서 날머리 쾌방령까지 12.417km, 박철순, 이해영, 이태웅, 오을섭, 김호연 님과 함께 6명은 겨울 산행이라 구간거리는 짧게 잡고 새벽 5시 사무실에 모여 백두대간 10구간 우두령으로 향해 오전 9시 17분에 도착했다. 지난 구간 어둑어둑할 때 보았던 것과는 사뭇 달랐다. 아침 공기가 상쾌했다.
　우두령(질매재720m)~삼성산(985.6m)~여정봉(1,030m)~바람재~형재봉~황악산(1,111.4m)~운수봉(천덕산668m)~쾌방령 아침 산행을 시작했다.
　오전 9시 23분 삼성산으로 출발했다. 삼성산까지 2.3km, 가는 길에는 낙엽을 밟으며 통나무 계단 길도 올라갔다.

　코끝을 시리게 하는 찬바람, 잎이 진 겨울 나뭇가지, 가을부터 떨어지기 시작한 낙엽을 밟으며 기분 좋은 산행을 이어 갔다.
　삼성산까지 가는 길은 곱게 나 있고 커피도 한잔하며 쉬엄쉬엄 걸어갔다. 오전 10시 17분 삼성산에 도착해 인증 샷도 찍고, 삼성산

이정표에 바람재 2.5km, 황악산 4.7km 구간거리가 나와 있다.

자연과 한 몸이 되어 능선 길을 편안하게 따라갔다.

능선 양쪽 사이로 북쪽엔 하얀 눈이, 남쪽엔 겨울 낙엽들이 대조적이다. 도착한 곳 여정봉(1,030m) 1.5km를 30분 만에 도착했다. 바람재까지 1.2km 가는 길은 비탈진 곳으로 곳곳에 빙판길, 조심조심 발길을 옮겼다.

오전 11시 23분 바람재에 도착해 잠시 휴식을 취했다. 바람재 정상석에 새겨진 '바람재' 글씨가 삐뚤게 쓰여 있다.

바람재는 예전부터 바람이 세차게 불어 풍령이라고도 일컬어지는 곳으로, 산의 모습이 소의 머리를 닮았다는 우두령과 한양으로 과거

를 보러 가는 영남 유생들이 추풍낙엽처럼 낙방한다는 속설이 있는 추풍령 대신에 주로 이용했다는 쾌방령을 잇는 연결 지점이다.

형재봉까지 1.2km 약 40분 소요 예정이다. 경사진 구간이다.

낮 12시 27분 황악산(1,111m)에 도착하고 금수강산도 식후경이라 허기진 배를 달래기 위해 헬기장 근처에서 각자 정성 들여 싸 온 음식을 맛있게 먹었다.

산행 3시간째 7km, 오늘 구간 중 반 이상을 왔다. 앞으로 5.4km만 가면 된다. 오늘은 시간도 여유롭다. 고도 443m 급경사 구간을 내려가야만 한다. 오후 12시 40분 또다시 출발, 날머리 쾌방령으로 발길을 옮겨 운수봉을 거쳐(1시 32분 도착), 여시골산(2시 17분 도착)에 도착하니 안내 표지목에 쾌방령까지 1.5km를 가리킨다.

미묘한 차이가 있다. 시작과 마지막…… 마음가짐의 차이라 할까?

오후 2시 24분 아침에 봤던 분위기와 비슷한 통나무 계단 길이 나타났다. 나뭇가지는 잎이 모두 떨어져 앙상하고 바닥엔 낙엽이 수북이 쌓인 통나무 계단 길을 지나 오후 2시 38분, 5시간 30분을 걸어 오늘 날머리 쾌방령에 도착했다. 도착해 30분가량 기다린 끝에 후미 팀이 도착하고 마지막으로 김호연 님이 싱글벙글 밝은 모습으로 계단 길을 내려오면서 오늘 구간도 낙오자 없이 모두 건강하고 밝은 모습으로 완주했다.

속리산

11구간

(2015.03.07.)

　백두대간 11구간, 쾌방령~작점고개 19.10km, 박철순, 이해영, 이태웅, 김호연, 최미란, 이혜련, 이용주 7명은 새벽 3시 사무실에 모여 백두대간 11구간 들머리 쾌방령으로 향했다.

　오전 7시 13분 쾌방령에 도착해 서둘러 산행 준비를 마치고 인증 샷을 찍은 다음 쾌방령~가성산(730m)~눌의산(744m)~추풍령~498봉~사기점고개~작점고개로 산행을 시작했다. 오전 7시 13분 첫 목적지 가성산 4.1km(1시간 50분 소요 예정)으로 출발하니 아침 공기는 상쾌한데 아직은 날씨가 쌀쌀했다. 경상북도 김천시 대항면에 있는 쾌방령 정상석이 있는 맞은편 등산로 입구로 향했다.

　추~풍령, 추풍령~ 타령을 했다. 바람도 자고 간다는 추풍령에 오기까지 한참을 애타게 기다렸다. 드디어! 얼씨구~~ 좋다.

　고개 좌측 능선까지 계속되는 오르막길을 오르며 본격적인 산행을 시작했다. 오전 7시 55분 "덥다" 땀이 난다. 겉옷을 벗고 잠시 휴식을 취했다. 아침 햇살은 유난히 빛나고 있다. 가성산을 향해 발길을 옮겼다. 이마에 땀이 송골송골 맺혀 있고 입가엔 웃음기가 가시질 않았다. 오르막길을 오르고 또다시 이어지는 내리막길을 몇 번 반복한 끝에 오전 9시 13분 가성산 정상에 도착했다. 백두대간길은 어느 구간을 가나 오르고 내리고를 수없이 반복해야 한 구간을 완주할 수 있다. 백두대간길에서만 느낄 수 있는 묘미기도 하다. 가성산 정상에는 넓은 공터 한쪽에 "가성산"이라고 쓴 정상석이 빈약하게 세워져 있다. 이어지는 산행 길 눌의산까지 2.8km(1시간 25분 소요 예정) 완만한 능선이다. 오전 10시 14분 아침 커피 한 모금은 졸린 눈꺼풀을 번쩍 뜨게 했다. 잠시 고단함을 잊었다.

오전 10시 51분 눌의산 정상에 도착하니 넓은 헬기장이 조성되어 있고 한쪽 공터에 작은 정상석이 자리를 잡고 있다.

추풍령면을 에워싸고 있는 사이로 경부고속도로가 보였다.

눌의산 정상에 서 있는 한 여인(이혜련)의 뒷모습에 주목한다. 조망이 탁~ 트인 파란 하늘을 본다. 뒷모습에서 행복함이 묻어난다.

오전 10시 54분 추풍령(221m)까지 3.5km. 1시간 20분 소요 예정이다. 정상에서 추풍령까지 500m 가량을 곤두박질치듯 비탈진 길을 내려왔다. 가을 분위기다. 지그재그 비탈길을 쉼 없이 1시간가량 내려오니 곧게 뻗은 흙길이 조성되어 있고 그 길을 걸어 오전 11시 55분 추풍령 눌의산 등산 안내도 앞에서 멈췄다.

모두들 눌의산 등산 안내도에 눈길을 주었다. 눌의산 정상에 또 한번 눈길을 주었다……. *와~우 한참을 내려왔네!* 이런저런 생각을 했을 것이다.

5분가량 걸어가니 경부고속도로를 관통하는 지하 통로가 나왔다. 곧바로 지하도로를 지나 10분가량 더 마을로 향해 걸어갔다.

아스팔트 옆에 "백두대간 추풍령"이라고 쓰인 통나무로 된 안내 표지목에 "왼쪽 화살표는 빨강색, 오른쪽 화살표는 검정색" 나름 알아보기 쉽게 한 것 같다. 낮 12시 14분 드디어 추풍령에 도착했다. "인증 샷은 찍어야죠! 찻길 맞은편에서 "찰~각 한 방" 한 사람씩 건너가서 한자로 쓰인 "추풍령" 정상석에서 기념으로 인증 샷!

1번(김호연), 2번(이용주), 3번, 4번(최미란, 이혜련 동시) 차례차례 인증 샷! 그러나 찻길을 건너오지 않았다…… (박철순, 이태웅) 두 분은 찻길 맞은편에서 찰~각.

구름도 자고 가는 바람도 쉬어 가는 추풍령 굽이마다, 한 많은 사연, 흘러간 그 세월을 뒤돌아보며 주름진 그 얼굴에 이슬이 맺혀 그 모습 그립구나. 추풍령 고개 기적도 숨이 차서 목메어 울고 가는 추풍령 굽이마다. 싸늘한 철길. 떠나간 아쉬움이 뼈에 사무쳐 거친 두 뺨 위에 눈물이 어려 그 모습 그렸구나 추풍령 고개 -배호, 〈추풍령〉

차가운 아침 기온 속에 출발한 지 어느덧 5시간째다. 3월초 일교차가 크다. 오후가 되면서 무척 덥다. 점심 식사는 추풍령에서 했다. 충분히 휴식도 취했다. '충분한 시간을 쉬어 주면 쉬는 순간은 좋지만, 가파른 곳이 나오면 쉰 만큼 더 힘들다.' 498봉까지 2.4km, 1시간 15분 소요 예정이다.

다시는 추~풍령, 추풍령~ 타령을 하지 않겠지?

낮 12시 37분 안내 표지목에 왼편으로 금산 0.2km(등산로 폐쇄), 오른편으론 사기점고개 4.0km 방향을 가리킨다. 그다지 표고차 없이 순탄한 길을 몇 번을 반복하며 능선을 넘어왔다. 오후 4시 10분 잠시 휴식을 취하며 요기가 될 만한 "마차"를 보온병에서 따뜻한 물을 부어 휘저어 "호로록~ 호로록" 마셨다. 임산도로 지름길이 있어 그 길을 따라 사기점고개를 지나, 작점고개로 발길을 향했다. 한참 전부터 이태웅 님은 눈앞에서 보이지 않았다. 워낙 빨리 가서 얼굴 보기가 힘들다. 드디어 경상북도 김천시 작점고개 정자에 오후 4시 49분 도착했다. 19.1km, 휴식 시간을 포함해 9시간 30분이 소요됐다.

모두가 완주했고 정상석 앞에서 인증 샷으로 구간 산행을 마감했다.

12구간

(2015.03.14.)

  백두대간 12구간, 작점고개~개터재 15.44km, 박철순, 이해영, 이태웅, 김호연, 오을섭, 이용주 6명은 밤 12시, 사무실에 모여 들머리 작점고개로 출발했다.

  지난주에 합류한 최미란, 이혜련 님은 일상 업무로 참석하지 못했다. 계획은 26.24km인 개머리재까지였다.

  새벽 3시 10분 작점고개에 도착해 산행 준비를 한 후 인증 샷을 찍고 작점고개~무좌골산(474m)~687봉~용문산(708.5m)~국수봉~큰재(분수령)~화룡재~개터재까지 새벽 산행을 시작했다. 무좌골산까지 1.1km. 687봉 3.2km, 용문산까지 0.64m(2시간 10분 소요 예정) 구간거리 4.94km다. 새벽 공기가 차갑다. 3월 새벽 산행은 아직까진 겨울 산행이다. 이 지역은 해발 800m 넘는 고개나 봉우리가 없다. 구간 중 제일 높은 곳은 국수봉으로 해발 795m였다. 3월 중순, 고도가 낮아 생각보다 많이 춥지는 않다. 좌측 능선까지 가벼운 오르막길에 낙엽이 깔린 길을 걸으며 랜턴 불빛이 앞사람의 신발 뒤축을 밝히며 성큼성큼 따라갔다.

군데군데 가파른 깔딱고개를 죽을 힘을 다해 헥헥대며 속력을 냈다. 바로 뒤따라 오을섭 님도 죽을 힘을 다해 잘~ 따라왔다.

새벽 5시 9분 용문산 정상에 도착했다. 정상석이 "나즈막히 자리를 잡고 있었다." 예정 시간보다 10분가량 빠르다. 주위는 깜깜하다. 국수봉까지 2.2km(1시간 소요 예정) 국수봉을 향해 발길을 옮겼다. 군데군데 가파른 깔딱고개가 나오면 죽을힘을 다해 올라갔다. 온몸에 땀이 흥건했다. 오르고 내리고를 몇 번을 하고 나니 국수봉 정상에 도착했다. 오전 6시 35분 예정 시간보다 20분가량 늦었다.

기회를 놓칠세라. 벌써 붉은 빛이 보였다… 동트는 모습은 언제 봐도 감동을 안겨 주었다.

휴식 시간에는 땀이 식어 금세 쌀쌀해진다. 이태웅 님이 따라 주는 모닝커피 한 모금이 얼어붙은 몸을 녹여 주기에 충분했다. 해돋이를 보기 위해 휴식을 취하고, '동트는 기회를 놓칠세라 겨울 나뭇가지 사이로 비추는 찬란한 붉은 여명'을 배경으로 포즈를 취했다.

국수봉(언제부턴지 국수봉이 웅이산으로 개명이 되어 있다)에서 휴식을 뒤로하고 큰재(분수령)까지 2.9km(1시간 15분 소요 예정)다. 국수봉에서 큰재는 줄곧 내리막길로 이어지고 군데군데 낙엽 속에 숨겨진 빙판에 주의하면서 내려갔다. 돌계단을 차근차근 내려오고 얼마 안 가서 무릎까지 수북이 쌓여 있는 낙엽길도 지나갔다. 경사진 하산 길은 힘들 법도 했지만 곱게 나 있는 흙길은 편안함도 함께 주었다. 오전 8시 6분 안내 표지목이 큰재 50m를 가리켰다.

지방도 68번 건너편에 상주시 백두대간 생태교육장이 보이고 새벽 추위 속에 출발한 지 어느덧 5시간째다. "하나 둘 모여" 안내 표지판 앞에서 인증 샷을 찍었다. 오전 8시 7분, 출출하다. 옹기종기 모여 각자 성의 있게 싸 온 음식을 맛있게 아침 식사를 하고, 오전 8시 34분 회룡재로 다음 여정을 위해 출발했다. 회룡재(340m)까지는 걷기가 힘들지 않은 곳이다. 회룡재에 도착하니 오전 9시 57분이다. 날이 밝으면서 선두에서 길 안내 역할을 해 주던 이해영 님이 맨 뒤를 지켜 주시고 이태웅 님과 나는 선두로 앞질러 걸어갔다. 이태웅 님은 "발걸음이 무척 빠르다." 그리고 "무척 가볍다." 서로 주고받으며 독사진도 찰~각.

후미팀과 거리 차이가 많이 났다. 한참(40분)을 기다렸다. 그사이 졸음이 왔다. 이태웅 님이 하는 말 "소장님 올 때까지 주무세요." 말을 잘~ 들었다. 아침 햇살을 받으며 꿀맛 나는 잠을 잤다.

개터재까지 1.6km(40분 소요 예정) 걷고 걸었다. 개터재 오전 11시 34분 이른 시간이었다. 15.44km 거리를 가는 데 7시간 30분가량 소요됐다. 이곳은 정상석이 없다. 한참을 기다린 끝에 후미팀이 도착하고 박철순 님 체력이 급격하게 떨어져 이곳에서 오늘 구간 산행을 마치기로 했다. 양지바른 곳에서 즐거운 마음으로 점심 식사를 맛나게 먹고 다음 구간 산행을 기약하며, 오늘 하루도 행복한 추억을 가지고 서울로 향했다.

13구간

(2015.03.28.)

　백두대간 13구간, 개터재~신의터재 17.80km, 박철순, 이해영, 이태웅, 김호연, 오을섭 님과 6명은 백두대간 13구간 개터재로 향했다.

　개터재에 도착하니 오전 7시 36분! 꽃샘추위가 몸을 움츠리게 해 모두들 서둘러 겨울 산행 준비를 하고, 개터재(512m)~윗왕실~백화산(618m)~개머리재(소정재)~지기재~신의터재(어신재)를 향해 아침 산행을 시작했다. 시작은 오솔길을 따라 걸었다.

윗왕실재로 향하는 길목엔 바람에 나부끼며 즐비하게 달려 있는 노랑, 빨강, 파랑, 형형색색의 시그널리본들이 우리의 마음도 봄바람에 나부끼게 했다.

　소나무길을 지나 능선 길을 따라 가벼운 걸음으로 윗왕실재에 도착했다. 등로길이 정비가 잘 되어 있어 밑으론 임산도로가 있고 위로는 다리를 놓아 내려갔다 올라가지 않아도 되고 난간 사이로 즐비하게 달려있는 산악회 시그널리본들이 나부끼는 모습과 살랑살랑 부는 바람이 봄의 생동감을 주었다. 현재 시간 오전 8시 47분, 휴식 시간, 함박웃음을 터뜨렸다. 그렇게 좋을까? 그렇게 바람에 나부끼는 바람소리와 함께 함박웃음을 공중으로 날려 보냈다.

예전 마을 이름이 왕이 기거하는 왕궁과 모습이 같다 하여 왕실이라 하였다. 백성이 함부로 왕(王)자를 쓸 수 없어 성할 왕(旺)을 썼다고 한다.

오전 8시 56분 백악산으로 이어지는 산행, 1시간 남짓 걸어 오전 10시 2분 백악산 정상에 도착했다. 넓은 평지에 백악산정상석이 바닥에 흙이 쓸려 밑동이 들여다보이고 돛단배 형상을 취하고 있었다. 오늘 산행 누적 구간 6.5km, 서로 간식을 챙겨 주며 휴식을 취했다. 오전 10시 15분 개머리재 4.3km(1시간 45분 소요 예정)로 발길을 옮겼다. 백악산 하산 길은 짧지만 비탈진 흙길을 밟으며 발길을 재촉했다. 지기재까지 4.5km(1시간 10분 소요 예정)도 오르내림이 급하지 않은 편안한 길이 계속되었다.

지기재로 향하는 길을 혼자 앞장서 걸었다. '뚜벅 뚜벅' 걷다 보니 멀찌감치 떨어진 일행들은 좀처럼 얼굴 보기가 어려웠다. 나에겐 질주 본능이 있는 것 같다.

나홀로 개머리재 삼거리에 도착해 일행들을 기다렸다. 잠시 후 모두 합류하고 점심을 먹기 위해 임도길을 따라 좌측으로 걸어갔다.

임산도로에서 각자 싸 온 음식들을 풀어헤쳤다. 메뉴는 보온 도시락에 칼국수, 점심은 꿀맛이다.

이해영 님이 닭 칼국수를 준비했다. 기다림 속에 "뒤적뒤적" 칼국수가 끓기 시작했다. 갑자기 코펠이 기우뚱하더니 넘어지는 것을 동물적 감각으로 "순발력"을 발휘해 구했다. 그렇게 맛있는 칼국수 맛을 볼 수 있었다.

개머리재를 지나 금강과 낙동강으로 갈라지는 분수령 앞에 오후 1시 48분에 도착했다. 오늘 산행 13.3km, 6시간째 산행은 계속되었다.

오후 2시 4분 목적지 신의터재(어신재) 4.5km(1시간 35분 소요 예정)로 발길을 옮기니 곳곳에 진달래꽃이 조금씩 피어나고 있었다.

마지막 오르막이며 이 오르막 이후 3.0km는 평지나 다름없는 산책길이 이어졌다. 이태웅 님과 마지막 오르막능선 길에 도착해 각자 사이좋게 인증 샷! 그리고 "둘이 함께 인증 샷!" 그렇게 함께 우리 일행들을 기다렸다. 조금 뒤 박철순 님 뒤로 오을섭, 김호연, 이해영 님 순으로 도착했다. 신의터재, 오후 3시 26분 정상석 앞에서 "파이팅" 하면서 '인증 샷!'을 찍었다. 산행 시간은 8시간 소요됐다.

이렇게 모두는 즐겁고 행복한 백두대간 13구간을 무사히 완주했다.

14구간

(2015.04.04.)

　백두대간 14구간, 신의터재~비재 19.25km, 박철순, 이해영, 이태웅, 김호연, 최미란, 이혜련 님 7명은 함께 들머리 신의터재로 향해 오전 7시 13분에 도착했다. 4월초의 꽃샘추위로 아침 공기가 차갑다. 아직은 겨울 산행의 옷차림이다. 신의터재(어신재)~329.6봉~무지개산갈림길~윤지미산(538m)~대삼각점~화령재~봉황산~비재를 향해 아침 산행을 시작했다. 등로길 옆으로 초록 풀잎들이 파릇파릇 생동감이 넘쳐 보였다. 신의터재 정상석이 두 개가 있다. 찻길을 건너 등반 입구에도 "화동산악회"라고 새겨져 있는 "신의터" 정상석에서 인증 샷을 찍었다. 입가에 웃음이 끊이지 않았다. 오전 7시 16분 무지개산 갈림길 4.11km(1시간 40분 소요 예정) 발길을 옮겼다.

봄의 향기가 물씬 풍긴다. 곳곳에 철쭉이 피어 있다. 화사함이 우리의 발길을 가볍게 했다.
　등로길 옆으로 봄을 알리는 철쭉이 피어 있다. "바스락 바스락" 낙엽 소리도 들리고, 소나무 숲길과 갈대밭을 지나 능선 길을 따라갔다. 선두에 이태웅, 이혜련, 최미란, 그리고 카메라맨1 이용주, 후미 그룹에는 박철순, 김호연, 맨 뒤에 카메라맨2 이해영 님 순으로 가벼운 걸음으로 329.6봉을 지나 무지개산 갈림길로 향했다.

현재 시간 오전 7시 58분이다. 선두팀과 후미팀 간에 간격 차이가 많이 나면 잠시 멈춰 기다린다.

깍~꿍 하는 듯 표정으로 인증 샷! 아내 최미란 님이 깜찍한 표정을 지었다. 철쭉을 연상시키는 예쁜 색감처럼 화사하게 다가왔다.

현재 시간 오전 8시 14분 이정표는 화령재 8.2km(3시간 소요 예정)를 가리킨다. 몇 분을 갔을까? 그냥 스쳐 지나갈 수가 없었다. 만개한 연분홍 철쭉 앞에서 잠시 또 멈췄다.

나 여기 있다~? 포즈로 인증 샷! 이혜련 님이 시크(chic)한 표정을 지었다. 철쭉과 잘 어울렸다.

오전 8시 47분 무지개산(441m) 이정표에 왼편으로 화령재 7.4km(2시간 40분 소요 예정)로 발길을 옮겼다. 1시간 30분을 걸어 오전 10시 24분 윤지미산 정상에 도착했다. 누적거리 8.41km 왔다. 윤지미산은 538m 정도로 그리 높지 않은 산인데 그리 호락호락 쉽게 내어 주지는 않았다. 오전 10시 29분 잠시 휴식 후 다음 목적지인 대삼각점 2.0km, 화령재 2.74km로 발길을 옮겼다. 왼편으로 나지막이 마을길과 밭이 보이고 전형적인 농촌마을의 풍경이 평화롭게만 보였다.

양지바른 묘등 위쪽으로 넓은 잔디밭이 자리 잡고 있었다. "쉬어 가라는 듯 손짓"을 했다.

임산도로를 따라 걸었다. 짧은 목재 계단을 끝으로 오전 11시 28분 화령재에 도착했다. 찻길 맞은편에 "백두대간 화령" 이정석이 버티고 서 있다. 누적 구간거리 11.15km, 4시간 남짓 왔다.

개나리꽃이 활짝 핀 정자 옆에 터를 잡고 식사 준비를 했다.

점심 메뉴는 칼국수에 이것저것 싸 온 음식들 그중에 내가 준비한 "오징어 데친 것"에 눈길을 주길 바랐다. 12시 다음 목적지 450봉 2.2km(50분 소요 예정) 발길을 옮겼다. 봉황산(740.8m) 4.5km, 2시간 10분 소요 예정이다. 이어지는 산행 구간에 시그널리본들이 주렁주렁 달려 있다. 이때까지만 해도 잠시 후 벌어질 상황을 알지 못했다.

갈림길에서 멈칫하며 우측 방향으로 들어갔다. 하지만 길도 없는 작은 야산에서 한 시간여를 헤매다 다시 원점으로 돌아와 가야 할 산행 길을 찾고 다시 이어지는 산행 길로 인해 헤맨 탓에 힘도 빠지고 무엇보다 미안했다. 그리고 다시 힘을 냈다.

이곳부터 봉황산까지 계속 오르막길이다. 숨이 턱까지 차올랐다. 580봉 산불감시초소를 지나 봉화산까지 1.2km 구간이 무척 가팔랐다. 숨이 한 번 더~ 턱까지 차올랐다.

이혜련 님과 아내 최미란 님은 지칠 줄 모르고 잘~ 간다. 두 여자분은 대단했다. 오후 2시 44분 봉황산(740.8m) 정상에 도착했다. 잠시 휴식을 취하고 산행을 이어 가 660봉을 1.5km를 지나 목적지까지 남은 거리 3.6km(1시간 45분 소요 예정) 내리막길이다.

오후 4시 11분 660봉은 한참을 지난 듯했다.

비가 내리는 것은 새롭다. 백두대간길에 처음 있는 일이다. '피할 수 없으면 즐겨'라는 말이 있다. 비가 내리는 것도 볼거리다. 그래서 즐기기로 했다.

조금씩 빗줄기가 보이기 시작했다. 발길을 서둘렀다. 시간상 비조령에 거의 도착한 듯했다. 비조령으로 내려가는 마지막 소나무 숲과 가지런히 나 있는 나무 계단 길이 멋스러워 위와 아래 방향으로 인증 샷을 찍었다. "주룩주룩" 비는 내리는 가운데 비조령 위를 연결

하는 생태통로에서 저 멀리 아래를 바라보니 비조령이라고 쓰인 백두대간비 앞에 이태웅 님이 손짓을 하고 있었다. 각자 비를 맞으며 인증 샷! 조금 뒤 차례대로 비조령에 모였으나 결국 단체 인증 샷은 찍지 못했다. 비조령에 도착하니 오후 4시 30분, 19.25km를 가는 데 9시간 20분이 소요됐다. 모두들 즐겁고 행복한 백두대간길을 무사히 완주한 것에 감사했다.

15구간

(2015.07.04.)

 백두대간 15구간, 비재~밤티재 18.16km, 박철순, 이해영, 이태웅, 김호연, 최미란, 이혜련, 이용주 7명은 3개월 만에 이곳에 왔다. 박철순 님께서 수술 후 회복 기간으로 기다리다 오늘에야 15구간 들머리 비재에 도착했다. 새벽 2시 10분 비재에 도착해 야간 산행 준비를 서둘렀다. 비재~목재~강령삼거리~형제봉(829m)~피앗재~725봉~속리산(천왕봉1,058.4m)~입석대~신선대휴게소~980m~문장대휴게소터(1,054m)~시어동갈림길(699m)~밤티재를 향해 새벽 산행을 시작했다. 초록 나뭇잎들이 푸르다. 어느덧 여름이 성큼 와 있다.

 새로 배낭과 옷가지도 장만했다. 지난 구간에서 백두대간길에서 처음 비를 맞고 이곳에 도착했던 기억이 새롭다. 새벽 2시 20분 못재 2.3km(1시간 40분 소요 예정)로 산행을 시작했다.

 새롭다. 그리고 속리산의 명성을… 널~ 한참을 기다렸다. 널 보기 위해 한걸음에 달려왔다.

 걷고 있는 발밑에선 "바스락 바스락" 낙엽 소리를 들으며 길을 따라갔다. 초입부터 가파른 경사 길에 랜턴 불빛과 함께 거친 숨소리로 적막을 깨우며 걸어갔다. 현재 시간 새벽 3시 14분이다. 얼굴과 온몸은 땀으로 흠뻑 젖어 있어 땀을 식히며 잠시 휴식을 취하고 못재로 향했다. 백두대간길은 어디를 가든 "호락호락" 쉽게 내어 주지는 않았다. 현재 시간 새벽 3시 42분 새벽 시간이긴 하지만 날씨가 무척 덥다. 예정 시간에 맞춰 못재에 도착했다.

이혜련 님 얼굴에는 미소가 가득했다. 지금까지 잘 적응했지만 점점(漸漸) 웃음도 많아지고 더욱 더 밝은 모습이 보기 좋다.
새벽 4시 26분 다음 목적지 갈령삼거리 1.4km, 형제봉 0.66km (1시간 10분 소요 예정)으로 발길을 옮겼다.

부지런히 선두를 따라갔다. 동트는 모습을 보기 위해 열심히 따라갔다. 깔딱고개에 힘도 빠지고 '숨소리'는 크기만 했다. "고생 끝에 낙"이 온다는 말이 있다. 대가는 크게 왔다. 형제봉에서 바라본 붉게 물드는 하늘, 동트는 모습은 멋졌다. 힘든 과정을 모두 잊게 함에 충분했다.
새벽 5시 4분 형제봉(832m)에 도착했다. 등산로를 벗어난 위쪽에 형제봉 정상석이 위치하고 있어 형제봉을 하마터면 모르고 지나칠 뻔했다. 이해영 님이 용케 잘 찾아 동트는 "멋스런 모습"을 보게 해 주어 고맙게 느꼈다. 이처럼 멋스런 모습을 보고 그 누가 행복해하지 않을 수 있겠는가? 힘들어하던 아내도 힘든 모습은 온데간데

보이지 않고 "행복해하는 모습"에 나 또한 흐뭇했다.

천왕봉까지 6.6km(4시간 30분 소요 예정) 앞으로 803.3봉, 피앗재, 667봉, 725봉, 703봉이 남아 있다. 오르고 내리고를 반복하며, 내리막길은 조심조심 천왕봉으로 향했다. 현재 시간 새벽 5시 55분 푸른 나무숲 사이로 저 멀리 천왕봉이 보였다. 천왕봉 중턱을 휘어 감은 운무가 아주 멋지게 보였다. 이정목이 천왕봉 5.6km를 가리킨다.

아내 앞에는 항상 동생(이혜련)이 선두다. 여~보 잠시만! 뒤돌아 보세요. 멈춰 세웠다. 찰~칵 표정이 재미있다. 아내는 사진 찍는 것을 좋아한다.

오전 7시 21분 산행 시간 5시간이 지나 평지가 나왔다. 여기가 어디 봉우리인지 잘 모르겠다. 이곳에서 아침 식사를 하기로 했다.

오늘 주 메뉴는 골뱅이 무침에 컵라면 사리로 버무렸다. 아침을 매콤하고 맛있게 먹었다.

먹고 나니 졸리다. 이맘때면 항상 졸음과 싸움이 시작된다. 쉬는 시간! 염치불구하고 막간을 이용해 잠시 졸음을 날린다.

현재 시간 오전 8시 53분 따가운 햇볕은 우거진 숲이 차단해주어 그나마 더위는 피할 수 있었다. 물 한 모금에 체력을 재충전하며 천왕봉으로 향했다. 마지막 오르막길이 계속되었다.

이태웅 님이 보이질 않았다. 항상 "쾌속질주" 본능! 정상에서야 만날까?

현재 시간 오전 9시 35분 보이지 않던 이혜련 님이 바위에 앉아 여유롭게 쉬고 있었다. "죽을 둥 살 둥" 따라왔다. 턱까지 차오른 숨을 고르며 나의 임무에 충실했다. 여기 보시고 찰~각 인증 샷!

오전 10시 드디어 모두 모였다. 그러나 이태웅 님은 보이질 않았다. 천왕봉까지 얼마 남지 않았다. 마지막 오르막구간이 난코스다.

오전 10시 25분 힘들게 속리산 천왕봉(1,058m) 정상에 도착하고 이태웅 님도 만났다. 정상에 도착하니 드넓고 높은 파란 하늘에 "둥실둥실 떠 가는 흰 구름"들. 한 폭의 그림 같은 풍경이었다. 천왕봉에서 바라본 가야 할 능선 길과 멀~리 문장대까지 한눈에 보인다.

등수는 중요치 않았다. 키보다 훨씬 큰 푸른 숲을 순서대로 통과했다. 최미란, 다음 박철순, 김호연 님 마지막으로 이용주. "모두가 주인공이다"

천왕봉에서 단체 인증 샷! 그러나 6명이다. 사진을 찍어 주는 이해영 님이 빠졌다. 누적 구간거리 10.96km 8시간, 시간이 많이 지체되고 있었다. "속리산을 가슴에 담고" 서둘렀다. 오전 10시 42분 다음 목적지 입석대 1.8km(1시간 10분 소요 예정)로 발길을 옮겼다.

오전 11시 13분 속리산 "돌탑"을 지나 석문(상고석문) 앞에서 사진을 찍어 주기 위해 이해영 님이 기다리고 있었다. 신기하게 생긴 기암괴석들을 감상하며 능선 길을 걸어갔다. 입석대까지 0.7km, 이정목이 가리킨다. 커다란 바위를 휘어 감은 희귀한 소나무 앞에서 김호연 님과 인증 사진을 찍어 추억을 만들고 입석대로 향하는 내내 눈과 마음이 호강을 했다. 조망이 훤히 트인 곳곳에 굵직굵직한 바위들이 희귀한 모습으로 자태를 뽐내고 있었다.

고릴라, 거북이, 도롱뇽 등 기기묘묘한 모습을 띤 바위들이 웅장하게 속리산을 꾸며 주고 있었다.

일행들은 먼저 지나갔고 후미에서 김호연 님과 따라갔다. 비로봉(1,032m)을 지나 신선대로 향했다. 계단에 입석대를 가리키는 사진이 걸려 있었다. 무심코 생각이 났다. 입석대를 지나치고 말았다.

김 이사님~ 입석대를 못 봤는데 입석대를 둘러보고 갈까요? 입석대를 보려면 다시 왔던 길을 조금 되돌아가야 했다. 잠시 고민을 했다. 그냥 갑시다. ^^ 합의했다. 사진으로 대체하기로 했다.

현재 시간 낮 12시 22분 주 탐방로 안내 표지판에서 발길을 멈췄다. 현 위치 신선대라고 가리킨다. 1.1km 20분가량 더 걸어가면 신선대휴게소가 기다리고 있다. 드디어 신선대휴게소에 도착하니 낮 12시 30분, 앞서간 이태웅 님은 이곳에서 기다리고 있었다.

신선대휴게소에 도착! 목재 탁자 위에는 도토리묵, 감자전, 동동주가 놓여 있고, 동동주 한잔으로 회포도 풀며 긴 시간 휴식도 취했다.

오후 1시 다음 목적지 문장대휴게소터 0.98km(40분 소요 예정)로 발길을 옮겼다. 돌길도 걷고 바위를 계단처럼 깎은 길도 걸어갔다. 돌계단이 큼지막하게 놓여 있고 경사가 가파르다. 오르고 내려가는 길이 반복되고 산행 시간도 길어지면서 한 걸음 내딛기가 힘이 들었다. 오후 1시 50분 드디어 문장대(1,028m)에 도착했다.
철 계단을 걸어올라 문장대 정상에 도착했다. 탁 트인 조망으로 한눈에 보이는 능선들이 예쁘다.

높이 1,054m이다. 큰 암석이 하늘 높이 치솟아 흰 구름과 맞닿은 듯한 절경을 이루고 있어 운장대(雲藏臺)라고도 한다.

인증 샷을 마치고 휴게소 터로 내려왔다. 오후 2시 08분 다음 목적지 시어동갈림길(699m) 2.1km(1시간 20분 소요 예정)까지 내리막길이다. 문장대부터는 암릉 구간으로 길이 험해 통제된 구간이고 가는 길목에 감시카메라도 설치돼 있었다.

작전이 필요했다. 곧바로 가면 감시카메라에 들키고 말 것이다. 하지만 기지를 발휘했다. 바로 옆 비탈길을 선택했다. 그렇게 로프로 시작하여 로프로 끝나는 암릉지대에 돌입했다.
그냥 지나갈 수가 없다. 이해영 님이 먼저 올라가 뒷사람 배낭과 스틱을 차례차례 받아 주며 "한 사람 한 사람"씩 로프 타고 오르고 "한 사람 한 사람"씩 로프 타고 내려갔다. 진행 속도가 느려도 안전이 우선이기에 긴장하면서 진행해 나갔다. 좁은 바위틈도 지나갔다. 현재 시간 오후 3시 10분, 힘들고 위험한 구간에 봉착했다.

또 작전이 필요했다. 대책을 강구해야 했다. 우리가 누군가! 안전이 최우선이 아니던가. 밑에는 낭떠러지. 생각만 해도 아찔했다. 한 사람이 밑에 먼저 내려가 배낭과 스틱을 전달받아 바위 밑에 놓고 차근차근 로프를 붙잡고 내려오기 시작했다.

오후 3시 27분 많은 시간을 소요해 모두가 무사히 내려왔다. 오후 4시를 넘기면서도 암벽구간은 이어지고 그만큼 느린 속도로 진행할 수밖에 없었다.

혜련 씨 고개 들어요. 찰칵! 이것이 속리산길에서 찍은 마지막 사진이었다.

밤티재 1.7km(40분 소요 예정)로 발길을 옮겨 오후 5시 20분에 도착했다. 18.16km, 산행 시간 15시간이 소요됐다. 기억에 오래 남을 거라 생각하며, 모두들 힘들고 어려운 코스를 안전하고 즐겁게 백두대간길을 완주했다는 것에 기뻤다.

16구간

(2015.07.18.)

　백두대간 16구간, 밤티재~버리미기재 19.42km, 이태웅 님은 개인적인 사정으로 참석하지 못하고 박철순, 이해영, 김호연, 최미란, 이혜련 님과 들머리 밤티재로 향했다. 누적 구간 300km 대에 진입했다. 이번 구간은 1회 차 지리산 백두대간길에서 소요되었던 18시간 40분보다 거리도 12km나 짧은데 무려 1시간이 더 걸린 산행이라 기억에 오래 남을 것 같다.

　밤티재~696.2봉~늘재~청화산(987.7m)~갓바위재~조항산(953.6m)~고모치~할미통시바위갈림길~밀재~대야산(930.7m)~촛대봉(668m)~곰넘이봉(733m)~버리미기재 구간이다. 새벽 2시 40분 밤티재에 도착했다. 밤티재에는 주차할 장소가 없어 박철순 님과 김호연 님 두 분은 늘재에다 주차를 한 후 합류하기로 하고 늘재로 출발, 4명은 늘재로 산행을 시작했다. 오늘 산행도 많이 더우리라 예상하며 산행을 시작해 696.2봉 지나 이어지는 산행 길…….

　늘재엔 두 분이 기다리고 있다. 이해영 님이 선두로 이혜련, 최미란, 이용주 그렇게 왼쪽 비탈진 숲길을 오르며 동물이동 통로를 지

나 반대편으로 넘어갈 때 어둠이 너무 광대해 방향감각이 하나도 없다. 그러나 선두에는 동물적인 감각으로 길을 찾는 이혜영 님이 있어 든든했다.

초입부터 가파른 수풀 길을 랜턴 불빛에 의존하며 어둠을 헤쳐 갔다. 새벽 3시 23분, 바위지대에서 소나무를 배경으로 인증 샷! 후 잠시 휴식을 취하고 힘차게 2시간가량을 걸어 새벽 4시 45분 늘재에 도착했다. 늘재에 박철순 님과 김호연 님이 기다리고 있었다.

사방은 적막하고 칠흑같이 어둡다. 그러나 이정목 앞에서 병풍처럼 펼쳐진 나무숲 아래에서 인증 샷! 새벽 4시 47분 휴식 후 청화산(987.7m)을 향해 산행을 이어 갔다. 이정목에 청화산 2.2km를 가리킨다. 늘재에서 청화산 정상까지 한 시간 이상 된 오름길로 힘겨운 코스였다. 얼굴과 온몸은 땀으로 범벅이 된 지 오래였다.

현재 시간 새벽 5시 18분 정국기원단에서 잠시 휴식을 취했다.

한껏 기분 좋은 바람이 살랑살랑 불어와 시원했다. 그리고 짙은 하늘과 짙은 능선의 경계는 분명하면서 색감이 아름다웠다.

새벽 6시 17분 걷고 있는 길목 주변은 자욱한 안개와 들꽃들로 기분을 한껏 들뜨게 해 주고 이제는 청화산 정상이 코앞이다. 막바지 오르막길을 힘차게 올라갔다. 청화산 정상(970m)에 도착하니 시원한 바람이 반겨 준다. 새벽 6시 33분 갓바위재 3.5km를 향해 가는 길은 녹음이 우거진 능선 길을 따라 조항산으로 향했다.

오전 7시 44분 갓바위재에 도착했다.

아내는 사뭇 느낌이 다르다. 머리에 수건을 묶은 모습과 스틱을 배낭에 꽂고 있는 모습은 정녕 여전사 분위기와 딱 어울린다.

오전 7시 56분 주변 풍광은 살짝 옅은 운무가 앞을 가린다. 비탈진 곳을 내려갔다. 이해영 님이 안내자 역할로 든든하다. 그리고 그 뒤를 이혜련, 최미란, 김호연, 박철순, 이용주 이렇게 순서는 항시 크게 변동은 없다. 급경사 길로 조심조심 발걸음은 더디다. 오전 8시 14분 어느새 주변은 온통 운무에 가려 한껏 멋스럽게 다가왔다.

아내의 항상 웃는 모습이 세상에서 가장 아름답고 가장 예쁘다.

조항산으로 향하는 능선 길에서 바라보는 운무는 가히 몽환적 풍경이었다. 능선을 따라 걸어가는 발걸음이 가벼웠다. 그러나 경사진 곳이 나오면 영락없이 힘들다.

한참을 참고 걷는다. 그리고 숨이 턱밑까지 올 무렵 잠시 발길을 멈춰 숨을 고른다.

이곳은 이정목 보기가 어렵다. 그래서 어디가 어딘지 구분이 어렵다(나만 그렇다). 조항산으로 가는 길목엔 암봉과 암릉길을 여러 곳에서 볼 수가 있다. 계속된 평탄한 길도 물론 좋다. 하지만 변화무쌍한 길 또한 나름 색달랐다. 암릉길을 걷는 걸음은 속도를 붙이기가 쉽지 않았다. 암릉길을 오르내리기를 반복했다. 예정 시간보다 많이 소요됐다. 조항산 정상에 도착했다. 정상석에 대한 인증 샷 기록이 없다. 무엇이 급했을까? 조항산에서 고모치까지 1.3km(30분 소요 예정) 발길을 옮겼다. 어느새 오전 10시 54분 삼거리에 도착하고 이정목에 우측으로 고모치 0.9km를 가리킨다. 고모치까지 내리막길이다. 누적거리 10.57km를 8시간가량 걸었다. 예정 시간을 한참을 초과했다. 고모치에서 할미통시바위 갈림길까지 0.95km(30분 소요 예정), 밀재까지 1.9km(50분 소요 예정) 발길을 옮겼다. 낮 12시 54분 할미통시바위 갈림길에 도착하여 한눈에 내려다보이는 능선을 바라보며 고단한 몸과 마음을 달랬다.

고질라바위(854봉)에서 "서로서로 손을 잡아 당겨 주며 동료애"도 나누고 12시 22분 집채만 한 구멍바위에 도착했다. 배고픔이 밀려와 목 좋은 바위 위쪽으로 올라가 점심 식사터를 잡았다.

솥선수범은 항시 이해영 님이 도맡아 한다. 비닐장갑을 한쪽 손에 끼고 골뱅이무침을 버무리기 시작했다. 솜씨가 능수능란했다. 덕분에 공기 좋은 곳에서 좋은 분들과 맛있는 음식을 함께하니 어찌 지금 이 순간이 기쁘지 아니하겠는가!

맛있는 음식을 먹고 충분한 휴식을 취한 후 오후 2시 34분 밀재로 출발했다. 급경사 내리막 구간을 지나고 로프구간도 지나 오후 2시 43분 밀재에 도착했다. 또다시 오르막 구간이 시작되었다.

대야산(930.7m)까지 1.1km(2시간 20분 소요 예정)이다. 구간거리가 짧은데도 시간이 오래 걸린다. "난코스" 암릉 구간으로 그만큼 시간이 많이 소요된다. 암릉 구간을 지나 대문바위에 오후 3시 14분에 도착했다. 날씨가 더워 물도 많이 먹히고 땀도 많이 나고 그만큼 힘도 들었다. 오후 3시 30분 대야산으로 향했다. 대문바위부터는 암릉 구간으로 이어졌고 멋진 산세에 반해 시간이 늦어도 가는 길을 멈춰야 했다. 송이바위에 도착했다. 송이바위에서 바라보는 대야산은 숲과 암릉으로 어우러진 모습이 아름답게 다가왔다. 오후 3시 58분 하늘은 회색빛 구름으로 조금 덮여 있어 내리쬐는 햇볕을 조금은 막아 주었다. 누적거리 약 15km를 14시간째다. 날머리까지 앞으로 5km 정도 남았다. 대야산(930.7m)이 코앞에 보인다. 정상까지 암릉과 험난한 로프구간을 지나 드디어 대야산에 도착했다.

한국 100대 명산에 올라서 있는 대야산, 고추잠자리가 무리를 지어 머리 위를 뱅뱅. 고추잠자리가 우리를 반긴다.

앞으로 날머리 버리미기재까지 4.1km 남았다. 촛대재까지 300m 가량 급경사 내리막길로 이루어져 있다. 촛대봉까지 1.3km 시간도 많이 소요될 듯싶었다. 하산을 재촉했다.

잠시 한눈 판 사이 피아골로 내려가고 있었다. 피아골 급경사 내리막길까지 힘들게 내려왔는데 다시 힘들게 올라가야만 했다. 순간적으로 힘이 빠졌다.

촛대재까지 길이 험난했다. 100m 직벽 로프구간이 우리를 기다리고 있었다.

100m 직벽과 우리들은 만났다. 100m 직벽과 우리들은 대적했

다. 그리고 우리는 100m 직벽을 무사히 통과했다.

첫 번째 직벽 구간 어려움에 봉착했다. 직각이다 보니 릿지 할 곳이 없다. 한 발 한 발 더듬으며 발 디딜 곳을 찾았다. 한 발씩 떼어 가며 내려와야 했다. 첫 번째 직벽 구간은 바닥에 버퍼(buffer)공간이 있어 그나마 나았다. 먼저 이해영 님은 솔선수범하며 시범을 보였다.

그럴 수밖에 없는 것은 최미란(중급), 이혜련 님(초급)이 아직 바위 로프 타는 것에 익숙하지 않아서 걱정을 했다. 그러나 더 걱정이 되는 것은 박철순 님이었다.

먼저 이해영 님이 밑에 내려가 한 사람씩 잡아 주며 내려왔다. 박철순 님 차례가 되었다. 순간 쭉~ 미끄러지며 내려오는데 아찔했던 순간이었다. 다행히 이해영 님이 뒤에서 함께 움직이며 잡아 준 덕분에 큰 무리 없이 첫 번째 구간은 내려왔다.

그래서 그랬던지 더욱더 긴장을 할 수밖에 없었다. 두 번째 직벽 구간은 첫 번째 구간과는 차원이 달랐다. 아래는 까마득한 절벽이었다. 안전을 가장 중요시 안 할 수 없다. 때문에 엄두가 나지 않았다. 이해영 님은 두 번째 직벽 구간을 올라가고, 내려가고 몇 번을 반복했는지 모른다. 이해영 님은 밑에다 배낭을 던졌다. 대굴대굴 굴러 나무에 걸려 다행히 비탈진 곳으로 떨어지지는 않았다. "나는 안다! 장비는 자기 몸처럼 소중히 생각한다는 걸." 이처럼 헌신적으로 몸을 던져 항시 먼저 일행들을 챙겨 준다.

감동이 두 배로 다가왔다. 이해영 님이 이건 아니다 싶어 용추마을 쪽으로 부분 철수 제안을 했다.

부분 철수 제안 때 박철순 님은 물론 이혜련 님도 가겠다는 강한 자신감을 천명했다. 첫 번째 직벽 구간을 쉽게 올라갈 수 있었더라면 철수를 선택했을 것이다. 올라가는 것조차 엄두가 나지 않아 결국 특단의 대책을 강구하는 조건으로 두 번째 직벽 구간을 선택했다.

두 번째 직벽 구간을 내려가다가 "긁히고 부딪히고 찍힐 수도" 있다 하더라도 위험도는 첫 번째 구간과는 비교조차 할 수가 없었다. "안전이 최고인데 만약이란 생각 때문에" 걱정과 긴장을 놓을 수 없었다. 최소한 미끄럽지만 않으면 수월히 내려갔을 것이다. 이 상태론 내려갈 수가 없었다.

대책을 강구해야 했다. 시간도 많이 지체되었다. 두 번째 직벽 구간 중에서도 왼편은 직벽 구간 그리고 아래쪽은 아찔한 절벽! 오른편 쪽도 낙엽과 뒤섞인 흙길의 낭떠러지 무척 가팔랐다. 오른쪽 편을 선택했다.

특단의 대책은 통(通)했다. 선택 또한 탁월했다. 두 줄 로프 중 안전 로프는 내려가야 할 사람 배낭에 묶어 나와 김호연 님이 안전로프를 나무에 고정해 잡아 주고, 다른 하나 로프는 이해영 님이 한 사람씩 함께 로프를 타고 내려가며, 보조 로프는 내려가는 속도와 이해영 님 신호에 따라 천천히 풀어 가며 한 사람씩 모두 무사히 직벽 구간을 통과했다. 산행시간 15시간째다. 시간이 많이 지체되어 서둘렀지만 계속된 비탈진 길은 모두를 지치게 했다.

오후 6시 44분 촛대봉(661m)에 도착했다. 잠시 휴식 시간을 보낸다. "인증 사진은 행방불명이 되고 말았다."

곰넘이봉 1.8km(55분 소요 예정), 버리미기재 1.0km(20분 소요 예정) 남았다. 촛대봉 정상석 앞에서 인증 샷! 모두들 힘들었을 터인데 얼굴엔 웃음이 가시질 않는다. 오후 6시 58분 지친 몸을 추스르며 버리미기재를 향해 부지런히 걸었다. 시간은 많이 지체되고 물도 많이 부족했다. 어느덧 날은 어둑어둑해져 가고 있었다.

선두에 이해영, 이혜련, 최미란, 후미팀에 이용주, 박철순, 김호연 님 순으로 우리는 열심히 선두를 따라갔다. 하지만 역부족이다. 선두가 무척 빠르다. 깜빡할 사이 시야에서 보이지 않는다.

얼마쯤 따라갔을까? 어느새 주변은 컴컴했다. 처음으로 하산 길에 헤드랜턴 불빛을 밝혔다. 마음은 급해졌다. 중간에 내려가면서 택시 기사께 전화를 걸었다. "차량을 언제까지 옮겨 두세요"라고 했던 것이다. 앞으로 250m 봉우리를 넘어야 했다. 모두들 걸음이 빨랐다. 하지만 언덕길은 언제나 숨이 턱까지 찬다. 허기도 진다. 더 힘든 것은 갈증, 정신이 하나도 없다. 그때 마침 군 생활을 하고 있는 막내아들에게 전화가 왔다.

급한 발걸음을 멈춰 세웠다. 통화 후 선두와 거리가 더 떨어졌다.

박철순님이 카스텔라를 주고 가셨다. 김호연 님께 배가 무척 고프

니 빵과 초코파이를 먹고 가자고 했다. 현격히 물이 부족했다. 물 없이 퍽퍽한 카스텔라를 맛있게 먹었다.

우린 선두그룹을 부지런히 따라갔다. 갈증은 더욱 심해지고 밑바닥에 조금 남아 있는 물로 간신히 입만 축이고 싶었다. 나의 마음속에서 "괜찮아! 갈증 나면 먹어야지 누가 알겠어?"라고 몇 번이나 흔들리는 마음을 다잡고, 이유는 "함께하는 분들과 나눠 먹고 싶어서"였다. "다 같은 생각?" 도착했을 무렵 선두그룹은 후미팀을 애타게 기다리고 있었던 것 같다.

이혜련 님은 물을 많이 마시는 분이 아니다. 그런데 나에게 "물 좀 주세요!"라고 했다. 건네주었다. "그만 마셔~요" 농담이 섞여 있는 걸 알았을 것이다. 그때 바로 마시는 물통을 입에서 멈춰 세웠다. 그만큼 무더위와 긴 시간 동안 물 부족으로 이처럼 물에 대한 소중함을 느껴본 적이 없었다.

버리미기재까지 가는 길에 뜻밖에 일이 생겼다. 미륵바위 근처인 듯 했다. 대야산에서 보았던 고추잠자리가 하늘을 뱅뱅 맴돌고 있듯이 우리도 방향을 잃은 채 근처를 뱅뱅 맴돌고 있었다.

몸은 지쳐 가고 갈증에 정신이 혼미할 정도였다. 우린 정신을 차렸다. "헛된 걸음이 아닌 나에게 이런 저런 경우의 경험"을 알려 준 것이란 생각에 고마웠다. 이해영 님과 김호연 님의 재치(才致) 덕분에 택시기사의 목소리를 들으며 방향을 찾아 하산 길에 진입했다. 정말로 다행이다. 아마도 낮에는 헤매는 일은 없었을 것이다.

하지만 이 길은 바위를 넘어서 가야 했기에 무심코 가면 자칫 지나칠 수밖에 없었다. 그리고 밤 산행은 더욱더 변수가 많다.

이때부터 경사진 하산 길도 속도가 붙었다. 땀을 뻘뻘 흘리고 있다. "달리기를 하고 있다."

3시간 30분 동안 인증 사진은 또 행방불명이 되고 말았다. 봤나! 봤어? 아니다 들었다! 시원한 계곡 물소리가 들렸다. 진짜 시원한 물소리야~ 반갑다.

오늘 산행 구간이 끝나는 느낌이 왔다. 드디어 날머리에 도착했다. 모두들 일단 근처 계곡으로 내려갔다. 제일 먼저 배낭에서 1리터 물통을 꺼내 계곡물을 담기 시작했다. 그리고 "벌컥벌컥" 들이키

속리산

기 시작했다. 원샷으로 숨이 넘어갈 정도다. 1리터 물을 다~ 마셨다. 우리의 여정(旅程)은 해피엔딩으로 마무리했다.

밤 10시 19.42km에 19시간 40분이 소요되었다. 백두대간 1회차 지리산 32km를 18시간 40분과 비교하면 무려 1시간을 초과했다. 공교롭게도 지리산도 밤 10시에 도착했는데 이번 구간도 밤 10시에 도착, 아무튼 신기록 달성을 했다. "기억에 오래 남을 거라 생각했다." 모두들 암릉 구간과 난코스로 장시간 산행에 고생을 많이 했을 것이다. 무엇보다 모두가 안전사고 없이 무사히 완주한 것에 감사한다.

갈증을 엄청 느꼈고, 장시간 산행에 힘들고 지치고, 산행 시간 신기록 깨서 좋고, 맛있는 음식을 먹어 좋고, 아름다운 풍경을 보아 더욱 좋고, 아무튼 좋은 게 많아서 좋다. 완주해서 즐겁고, 같이 동행해서 더욱더 행복했다.

17구간
(2015.08.01.)

처음부터 모든 구간을 함께하셨던 고정 멤버 박철순 님이 지난 구간을 끝으로 백두대간 포기 의사를 밝힌 가운데 버리미기재~장성봉~구왕봉~이만봉~안말까지 18.9km 17구간 버리미기재로 향했다.

백두대간의 리더 이해영 님, 산을 좋아하며 지칠 줄 모르고 열정을 가진 이태웅 님, 항시 밝은 웃음과 분위기 메이커인 김호연 님, 남자들 못지않은 근성과 로프를 잘 타는 여조교 같은 최미란 님, 산에 오면 표정이 밝아지고 고통도 즐긴다는 의지의 예쁜 막내 이혜련 님, 그리고 원년 멤버이고 발전을 거듭하여 잘 탈 것 같지만 가끔 헤매는 이용주. 모두는 밤 12시 사무실에 모여 커피를 마시며 잠시 담소를 나누고 차량에 탑승해 약 160km를 달려 새벽 2시 20분에 들머리 버리미기재에 도착했다. 남부지방 날씨가 폭염경보인 가운데 무더위와 습도가 높아 후덥지근하고 평소보다 오늘 산행이 쉽지 않겠다는 생각이 든 가운데 새벽 2시 46분 장성봉을 향해 산행을 시작했다. 버리미기재에서 장성봉(916.3m)까지 1.9km를 새벽 4시 7분에 도착해 잠시 휴식을 취하고 일출을 보기 위해 평소와 달리 속도를 내며 어둠을 헤쳐 나갔다.

예상치 못한 일이 발생했다. 컨디션 난조와 더위에 지친 몸은 결국 중도 하산을 선택했다.

새벽 안개로 동트는 광경은 선명하게 보지 못해 아쉬움이 있지만 이 또한 행복한 산행이란 생각이 있기에 이 자체가 좋은 시간이라 생각한다. 허기짐을 달래기 위해 조식을 간단히 하고 휴식과 함께 에너지 충전을 한 후 산행은 계속되었다. 뜻밖의 일이 벌어지고 말았다. 더위에 컨디션 난조로 무척 힘겨운 산행을 하게 되었다.

더위를 먹었는지 온몸에 힘이 없고 어지럼증이 가끔 동반하고 한 발 한 발 내딛기가 상상 외로 힘겨운 상황이 되고 말았다. 항시 동료들을 물심양면(物心兩面)으로 챙겨 주는 이해영 님 또한 대상포진의 몸을 안고 불굴의 의지로 산행을 하는 가운데 미네랄 소금을 챙겨 준 덕분에 조금 나아지나 했지만 지친 몸 상태는 회복 기미가 없어 긴~ 휴식을 취한 후로도 힘들게 이어지는 산행이었다. 어렵게 악휘봉갈림길(821m)에 오전 9시 25분에 도착했다. 지쳐있는 몸 상태로 또다시 긴 휴식 시간을 가져야 했고, 숲이 울창해 강렬한 햇볕은 피할 수 있었으나 무더위는 식힐 수 없었던 모양이다.

결국 하산을 선택했다. 은티마을 도착 전 골뱅이 무침을 맛있게 먹고 휴식을 취했다.

생각보다 무더운 날씨에 구왕봉(879m) 정상까지 힘겨운 산행이 이어지고 도착한 시간은 오전 11시 50쯤 그 전에 점심 식사를 하고 체력 회복이 될 줄 알았지만 회복이 좀처럼 되지 않아 중간에 하산하기로 결정을 했다. 하산 길엔 조망도 조금 있어 올라올 때 보지 못했던 산세도 보면서 몸 상태도 조금씩 회복이 되었고 평(平)이한 하산 길과 더불어 밧줄도 잠시 타면서 변화된 산행에 힘을 내서 하산하게 되었다. 희양산 1.5km지점에서 은티마을 3km로 방향을 틀어 하산하였고, 하산 중 이해영 님이 정성 들여 싸 오신 골뱅이 무침을 맛있게 먹고 휴식을 취했다. 우리보다 좀 더 젊고 힘이 조금 더 남은 두 분이(이태웅, 김호연) 차량을 가지러 먼저 떠났고 은티마을 가기 전 희양산 입구 정자 휴게소에서 오늘 산행을 마감했다. 모두들 즐겁고 한편으론 힘겨운 산행이었지만 이 또한 추억으로 오래도록 남았으면 좋겠다.

18구간

(2015.08.15.)

8.15 70주년 광복절(光復節)! 백두대간 시작한 지 365일 우리에게도 특별(特別)한 날이다.

17구간 때 체력 저하로 힘들었던 기억으로 오늘 산행 길은 마음을 굳게 먹고 백두대간 18구간인 은티마을 정자휴게소~이화령까지 19km 등반 여정을 이해영, 이태웅, 김호연, 최미란, 이혜련, 이용주와 함께 했다. 새벽 2시 은티마을에 도착했다.

새벽의 고요함을 가르며 새벽 2시 20분 은티마을 정자휴게소에서 이화령으로 산행을 시작했다. 초반에 컨디션 조절을 잘해야만 어려움이 없을 것이라 생각해 천천히 가기로 했다. 17구간 때 희양산갈림길에서 내려왔던 완만한 길을 따라 새벽 기운을 받으며 헤쳐 나갔다. 희양산갈림길부터 직벽에 가까운 로프 구간에서는 이해영 님이 먼저 올라가 안전 확보를 하고 그 뒤로 여성 두 분부터 긴장하며 차례로 로프 구간을 오르게 되었다. 밧줄 하나에 몸을 맡겨 오르는 모습이 선수처럼 느껴졌다. 또한 서로 조심하며 앞에서 뒤에서 이끌어 주고 서로에게 배려해 준 덕분에 무사히 긴 암벽로프 구간을 새벽 3시 50분(1시간 30분 소요 예정) 무사히 올라왔다. 잠시 휴식 때 이태웅 님이 배낭에서 무거운 보온병을 꺼내 커피 한 잔씩…….

　무박산행에 졸음과 피곤함을 잠시 달래 준 것에 감사한다. 15구간에서 긴장한 탓에 암벽 구간에서 사진을 찍지 못했던 기억이 있어 조심하면서 암벽등반 하는 사진을 꾹꾹 찍어 가면서 추억을 담았다. 안개비 속에 비춰진 랜턴 빛과의 조화! 참 멋스런 광경이 아닌가 싶다. 자욱한 안개로 사진은 선명하진 않지만 그래도 우리에 추억을 담게 되어 소소(小小)하지만 평생 행복으로 기억되고 기분 좋은 백두대간 산행이라 생각한다.

　여정(旅程)은 계속되어 새벽 5시 30분경 백화산으로 오르는 능선 길 어디쯤 일출을 보게 되었다. 언제나 그렇듯이 일출의 광경은 마음을 감동시키는 매력이 있다고 생각했다.

우리 팀은 특별한 게 있다. 배낭이 무겁더라도 허기짐을 못 참는 사람이 많다.

오전 6시 50분 배고픔을 달래기 위해 간단히 아침 식사를 하기로 했다. 이혜련 님이 직접 만든 토마토 잼에 식빵을 구워 함께 먹는 맛은 일품이었다. 식사를 간단히 하고 백화산(1,063.9m)을 향해 전진하여 도착한 시간은 오전 9시 30분. 햇볕은 강렬했다. 강렬한 햇볕을 피하기 위해 숲이 울창한 근처에서 잠시 휴식을 취했다.

특별한 것이 또 하나 있다. 처음으로 셀카 봉을 준비해 왔다. 함께 포즈를 취하며 사진을 찍는데 아주 색다른 상황이 연출되어 또 한 번 웃음을 자아냈다.

산행을 이어 가 오전 11시 40분 황학산(912.8m) 정상에 도착했다. 이곳에서 점심을 먹기로 결정했다.

오늘의 점심 메뉴는 삼겹살 파티, 시간이 좀 이른 감은 있었지만 아무튼 산행 길에 삼겹살 파티는 어디서도 느껴 보지 못한 맛이 아닐까 생각한다.

생각보다 하산 길에 시간도 많이 남아 휴식도 많이 취했다. 이번 구간처럼 여유가 있던 것도 모처럼인 듯싶다. 하산 길에 그룹은 그대로 유지됐다. 하지만 처음으로 일렬종대 모습이 유지되어 인위적으로 멈춰 세워 사진을 찍었다. 모두들 한바탕 웃음을 지었다.

조봉(672m)에 도착한 시간은 오후 12시 54분 잠시 휴식 시간을 갖고 목적지 이화령까지 힘차게 발길을 재촉했다.

이화령은 경상북도 문경시 문경읍과 충청북도 괴산군 연풍면 사이에 있는 고개. 고개가 가파르고 험하여 산짐승의 피해가 많으므로 전에는 여러 사람이 어울려서 함께 넘어갔다 하여 이유릿재라 하였다. 그 후에 고개 주위에 배나무가 많아서 이화령으로 불리게 됐다. 이화령의 높이는 548m이고, 소백산맥의 조령산(1,017m)과 갈미봉(783m)과의 안부(鞍部)에 위치한다. 동쪽사면은 조령천의 곡구(谷口)인 진안리에서 서쪽으로 분기하는 하곡과 통하고, 서쪽사면은 남한강의 지류인 달천(達川)으로 흐르는 연풍천의 하곡으로 이어진다.

오후 1시 40분 이른 시간 날머리 이화령에 도착했다. 오늘도 낙오자 없이 완주했고 고단하고 힘들어도 많이 웃고 즐거움도 있었던 산행에 감사함을 가지며, 지난 구간때 물이 부족해 힘들었던 기억으로 물 5리터를 준비했는데 이번엔 1리터가 남아 이해영 님과 함께 얼음물로 시원하게 머리를 감았던 기억 또한 오래 남을 듯싶다.

소백산

19구간

(2015.09.05.)

우리는 특별(特別)한 날!!!을 만들기 위해 백두대간 19구간 이화령에서 하늘재로 향했다. 백두대간 구간거리 1/2 지점을 통과한 날이다. "GPS상 누적 구간 355.387km"

백두대간 19구간, 이화령~하늘재까지 17.47km 등반 여정을 이해영, 이태웅, 김호연, 최미란, 이혜련, 이용주와 함께 160km 거리를 2시간을 달려 새벽 3시 25분 이화령에 도착했다.

이화령~조령산(1,026m)~신선암봉~깃대봉갈림길~제3관문~마역봉(마패봉: 925m)~동암문~주흘산갈림길~평천재~탄항봉~하늘재까지다.

오늘 구간은 시간적으로 여유롭다. 새벽 3시 50분 조령산(1,026m) 2.7km(1시간 35분 소요 예정)를 향해 산행을 시작했다. 상쾌한 새벽 공기와 함께하며 해돋이를 보기 위해 시간을 맞춰 조령산으로 향했다. 자욱한 안개 사이로 비춰진 랜턴 빛을 따라 걷다 보면 촉촉한 산길이 마음을 포근하게 해줬다. 등로길은 안개에 덮여 사진은 선명하지 않지만 연신 셔터를 눌러댔다.

암릉으로 이루어진 조령산, 새도 쉬어 가는 조령산, 백두대간 중 가장 경치가 아름답다는 조령산의 일출을 가슴속에 담기 위해……

여정(旅程)은 계속되어 새벽 4시 47분경 안내 표지목에 조령산(800m)을 가리켰다. 일출 시간은 아직 이르다. 산행 속도를 조절해 가며 안갯길을 헤쳐 갔다. 멀리서 멋진 잣나무 숲을 배경으로 조령샘이 보였다. 가물어도 사철 마르는 법이 없다 하여 등산객들 사이에서 "산신령의 선물"로 통한다고 한다.

누군가 적어 놓은 시구 하나가 물맛을 더해 준다.

'조령샘물에서 목을 축이는 길손이시여! 사랑 하나 풀어 던진 샘물에는 바람으로 일렁이는 그대 넋두리가 한 가닥 그리움으로 솟아 나고……. (중략)' 사랑과 그리움을 투영시켰다.

산행은 계속되어 새벽 5시 34분 조령산(1,017m) 정상에 도착했다. 조령산 정상에는 고 지현옥 추모비 글귀가 마음을 울컥하게 만들었다. "들꽃처럼 산들산들 아무것도 없었던 것처럼 영원한 자연의 품으로 떠난 지현옥 선배를 기리며" 고 지현옥 산악인 추모비 앞에서 잠시 숙연해졌다. 해돋이를 볼 수 있을까? 기대가 컸던 것 같다. 못내 미련 때문에 조금만 조금만 하며 여명이 밝을 때까지 기다려 보았지만 자욱한 안개로 기대했던 해돋이는 볼 수 없어 희망을 접고 아쉬움을 뒤로한 채 신선암봉으로 발길을 옮겼다.

이화령을 출발한 지 1시간 30분, '백두대간 조령산' 정상석이 우리 일행을 맞는다. 조령산은 사방으로 트인 조망이 백미다. 동쪽으로 주흘산이 병풍처럼 펼쳐 있고 대간의 하늘금 중 열 손가락 안에 든다는 부봉, 그 너머엔 월악산이 부드러운 산너울을 자랑하고 있다. 동북쪽으로 펼쳐진 산군(山群)들의 원경을 감상하며 신선암봉 쪽으로 진행한다.

새벽 6시 10분 신선암봉(937m)으로 출발, 1.7km(50분 소요 예정) 안개가 더욱 짙게 깔렸다. 비를 맞은 것처럼 머리는 흠뻑 젖어 있었다.

신비주의(자신을 노출시키지 않는 전략 같은 것을 의미)를 간직하다. 백두대간길은 나름대로 특색이 있고 개성들이 강했다. 이어지는 등로길은 안개만 자욱하고 바람 한 점 없다.
이어지는 산행 길은 야생화도 보고 급경사 암릉 구간에는 로프에 의지하고 오르내림을 반복하며 신선암봉을 향해 이어지는 산행 길엔 곳곳에 안내 표지목이 잘 되어 있었다. 큰 바위가 위아래로 겹쳐진 곳에 작은 돌 하나에 소원 하나, 쌓인 돌탑도 인상적이었다.
암릉 구간에는 영락없이 로프가 길게 늘어져 있었고 안개로 바깥세상은 망망대해처럼 아무것도 보이지 않고 전망은 생각조차 할 수 없었다. 오전 6시 52분 887봉에 올라서니 안개로 자욱한 산속 분위기는 또 다른 매력으로 다가오고 일행들 얼굴엔 지친 기색 하나 없이 모두의 입가엔 웃음이 가득해 지금 표현 못할 만큼의 큰 행복함에 도취되어 있었다. 신선암봉에 다다를 무렵 삼각 암릉에 로프가 소나무와 소나무에 연결되어 유격훈련 수준을 연상케 했다.

왼쪽 오른쪽 모두 아찔한 낭떠러지, 긴장하며 걸어갔다. 산행 길이 지루하지는 않았다. 오전 7시 13분 "암봉에서 인증 샷!" 재미있는 장면을 남겼다. 왼편부터 이태웅, 이해영, 김호연, 최미란, 이혜련 "앉은 상태에서 앞발 들고 포즈 취하기"는 한바탕 웃음을 자아냈다. 자욱한 안개에 아랑곳없이 각자 포즈를 만끽했다.

연신 인증 샷은 계속 이어졌다. 오전 7시 21분 마지막 암릉 길을 지나 신선암(937m)봉에 도착했다. 안개는 언제 걷힐까? "포기는 시기상조", 마음속으로 기다려 보기로 했다. 좋은 장소가 있어 이곳에서 아침 식사를 하기로 했다. 아침 메뉴는 지난 구간에 먹었던 식빵에 수제 토마토 소스와 추가로 햄, 소세지에 칼질을 하고 노릇노릇하게 구워서 맛깔나게 먹었다.

주 메뉴는 살짝 데쳐 온 전복에 초장과 함께 공기 좋은 산에서 좋은 사람들과 먹는 맛은 일품(一品)이었다. 맛난 아침 식사를 하고 깃대봉갈림길(850m) 3.2km(1시간 45분 소요 예정)를 향했다.

또다시 이어지는 암릉 구간에는 로프를 이용해 직벽도 타고 변화무쌍한 자연의 모습에 도취되면서 산행을 이어 가 오전 9시에 928봉 도착했다. 계속해서 이어지는 암릉길을 로프에 의존하며 수도 없이 오르내리기를 반복했다. 거대한 두 개의 바위틈을 지나갈 무렵 생(生)을 마감하고서도 기이하게 자태를 뽐내고 있는 고사목, 바위틈에 보금자리를 만든 멋진 소나무, 자연 속에서 함께 생존의 방법들로 공존하고 있는 듯했다. 거대한 바위틈에 집사람이 깜찍한 "브이" 포즈로 인증 샷! 깃대 봉으로 가는 길은 험난했다.

타이타닉 따라잡기에 도전했다. 멋진 소나무와 운무의 배경으로 잊을 수 없는 감동을 집사람과 함께 포즈를 취하고 찰~각.

오전 10시 22분 이태웅, 김호연 님과 같이 후미에서 가던 중 갑자기 커다란 고목이 등산로를 가로막아 쓰러져 있었다. 보통 때면 허리를 굽혀 지나갈 것인데 "껑충" 뛰어 고목 위로 올라갔다. 그냥 내려가기가 아쉬워 나만의 포즈로 인증 샷! 하나하나 새로운 시도는 즐겁고 행복함을 느끼게 해 주는 시간이었다. 한아름도 넘는 소나무 앞을 그냥 지나쳐 갈 수가 없다. 집사람과 함께 인증 샷! 그렇게 룰루랄라~~♬ 오전 10시 52분 깃대봉까지 0.42km 안내 표지목이 우측을 가리킨다. 좌측으로 조령 3관문 0.8km, 누적거리 7.71km, 오늘 구간거리 9.76km 남았다.

조령은 우리말로 새재라고도 불리는데, 이 지명 유래는 여러 가지이다. 하나는 새도 날아서 넘기 힘든 고개라는 뜻에서 왔다는 설이고, 또 하나는 『고려사지리지』 등에서 초점(草岾)이라 하였으므로 풀(억새)이 우거진 고개라는 뜻에서 왔다는 설, 또 하나는 조령보다 먼저 생겨난 북쪽의 하늘재와 이우릿재 사이에 있는 고개라 해서 붙여졌다는 설, 마지막으로 새로 생긴 고개라는 뜻에서 유래했다는 설이 있다.

조령 제3관문으로 향하는 길은 자연스럽고 편안한 길이었다. 통나무 계단을 내려오니 문경새재 조령약수터가 보인다. 현재 시간 오전 11시 4분 커다란 잣나무 아래 평상에서 휴식을 취하는 편안함이 좋다. 조령관문 앞에서 단체 인증 샷!

"또 하나 색다른 장면을 남겼다." 어디선가 본 건 있었는지! 셀프로 설정해 핸드폰을 바닥에 놓고 모두가 둥글게 머리를 맞대고 1, 2⋯⋯ 5초 찰~칵, 밑에서 위로 향하게 찍었다.

오전 11시 12분 마패봉(925m) 0.88km(40분 소요 예정)으로 발길을 옮기니 된오름 경사 길이 만만치 않다. 숨을 고르며 통나무 계단 길도 오르고 돌길도 오르고 내려가고 끝없이 반복되고 출발한 지 40분가량 걸어 마패봉에 도착했다. 마패봉 정상에는 등산객들이 많아 북적북적 시끌시끌했다. 점심 시간이라 산악회 회원들이 단체로 식사를 하고 있었다. 하늘재까지 8.7km를 가리킨다. 가는 길에 등산객 한 분이 참외를 건네주기에 사양 안 하고 받았다. 우리 일행들도 함께 모였다. 우리도 점심을 먹기 위해 장소를 찾았다. 마패봉에서 0.8km쯤 지나서 낮 12시 14분 아침 메뉴 못지 않게 점심 메뉴는 김 병장 전투식량(소고기맛 고추장 비빔밥)으로 이해영 님이 준비를 했다.

셀카 봉 놀이에 빠졌다. 전투식량에 부은 물이 끓기를 기다리는 중 셀카 봉으로 "찰~칵"

컵라면과 함께 먹는 맛도 일품(一品)이었다. 여유롭게 점심 식사를 마치고 오후 1시 17분 동암문 3.3km를 향해 출발했다. 몇 분을 걸었을까? 기이한 모양을 띤 소나무 앞에서 인증 샷! 우리는 하늘재를 향해 걷고 또 걸어갔다.

오후 1시 58분, 30분가량 걸어가던 중 소나무 너머로 비추는 희미한 능선. 등반한 지 11시간 만에 처음으로 보는 능선이었다.

그리고 곧 안개 속으로 사라졌다. 동암문에 도착하니 오후 2시 15분, 주흘산갈림길 1.4km(45분 소요 예정)로 가야 할 길을 잡고 진행. 오후 2시 39분 부봉삼거리에 도착했다. 좌측으로 4.6km 하늘재를 가리키고 우측으로 부봉 0.5km를 가리켰다. 지체 없이 하늘재로 향했다. 시간도 지체되고 체력이 떨어지기 시작했다.

평천재 0.58km(15분 소요 예정) 남았다. 선두에 이태웅, 이혜련, 최미란 님과 그 뒤로 이용주, 김호연, 이해영 님 순으로 걸어갔다. 철제 계단이 나타났다. 계단을 따라 올라가니 큰 바위를 따라 또다시 계단이 이어져 있었다. 양쪽으로 큰 소나무들이 즐비하게 서 있다. 경치가 좋아 잠시 멈췄다. "지나쳐 왔던 부봉도 보인다."

바위틈 사이로 푸르고 잘 자라고 있는 소나무가 인상적이다. 기념으로 또 인증 샷! 안내 표지목이 하늘재까지 4.0km를 가리킨다. 종일 흐렸던 날씨가 오후가 되면서 빗방울이 조금씩 떨어지기 시작했다. 오후 3시 30분 평천재에 도착하니 빗방울은 점점 굵어지기 시작했다. 우거진 숲 사이로 뚝뚝 떨어지는 비를 맞으며 나뭇잎과 부딪치며 들려오는 빗방울 떨어지는 소리가 좋다. 낭만적이었다.

오후 3시 38분 하늘재까지 2.7km 빗줄기는 더욱 굵어졌다.

한참 전 선두그룹은 사라지고 뒤에서 모두를 지켜 주고 있던 이해영 님도 비가 오기 시작하면서 앞질러 갔다.

조금 전까지 김호연 님이 "소장님 빨리 가죠"라고 재촉했다. 김호연 님은 비를 워낙 싫어한다. "빨리 못 가요. 발가락이 아파요! 빨리 못 가요." 그렇게 힘겹게 하산 길을 재촉했다.

오후 3시 52분 탄항산에 도착하고 앞으로 하늘재까지 1.9km 남았다. 모두는 온데간데없고 빗줄기는 더 세차게 내렸다. "비는 맞아도 찍을 건 찍자." 서로 한 방씩 인증 샷!

몇 분 전만 해도 발길을 재촉했던 우리는…… 온몸은 비에 흠뻑 젖어 있었다. 우스운 소리로 "이왕 배린 몸 천천히 갑시다."

하늘재까지 0.6km 남았다. 잘 정리된 안내 표지목이 정감이 갔는데 지금은 조금 얄밉다. 10분가량 내리막 구간을 내려왔다. 지루했다. "조금만 힘냅시다." 막바지 몇백 미터는 길게 느껴졌다.

삼거리 우측 언덕으로 발길을 돌렸다. 드디어 옆모습을 드러낸 하늘재 정상석이 눈앞에 서있다. 반가웠다.

마지막으로 "비는 맞아도 찍을 건 찍자." 서로 한 방씩 인증 샷!

산행 14시간 만에 날머리 하늘재에 오후 4시 40분에 도착했다. 선두팀은 이미 도착해 있고 이용주와 김호연 님이 마지막으로 통나무 계단 길을 뚜벅뚜벅 내려왔다. 모두들 즐겁고 행복한 산행을 오늘도 무사히 완주하게 되어 무엇보다 감사하고 행복했다.

20구간

(2015.09.19.)

 오늘은 백두대간 1/2지점을 통과하며 기념사진을 추억 속에 남긴 특별(特別)한 날이다. GPS상 누적 구간 374.517km.
 백두대간 20구간, 하늘재~안생달마을까지 20.13km 등반 여정을 이해영, 이태웅, 김호연, 최미란, 이혜련 님과 함께 약 180km 거리를 2시간 정도 소요하여 새벽 4시 17분에 20구간 들머리 하늘재에 도착했다.
 하늘재~포암산(961.7m)~만수봉갈림길(880m)~꼭두바위봉(838m)~부리기재~대미산(1,115m)~문수봉갈림길(1,046m)~새목재(826.4m)~986봉~차갓재~안생달 마을까지다.
 지난 구간 때 비에 흠뻑 젖어 각자 뿔뿔이 흩어져서 내려왔던 이곳 하늘재에 도착했다. 하늘재 정상석에서 인증 샷을 찍으려면 가파른 목재 계단을 올라가야만 했다. "하늘재 정상석 앞에서" 함께 인증 샷을 찍자고 마음먹었던 건 물 건너갔다.
 하늘재로 하산하면서 거대한 봉우리가 눈앞에 가로막고 있는 포암산 정상을 바라보며 '헉 다음 구간 때 저곳을……. 만만치 않겠네!'라고 생각했던 이곳 하늘재다. 아직 눈꺼풀이 무거운 새벽 시간 시원한 공기를 코끝으로 들이켜며 정신을 차렸다. 오늘은 포암산에서 해돋이를 보기 위해 새벽 4시 20분 첫 산행을 시작했다. 포암산까지 500m 급경사 된오름길을 헤드랜턴 빛을 따라 걸었다.

급경사로 이루어진 포암산으로 향하는 길은 험난하다. 그러나 일출을 생각한다. 하지만 올라가는 동안 일출을 까마득히 잊고 갔다.

포암산으로 향하는 여정(旅程)은 계속되었다. 새벽 4시 51분경 자욱한 안개와 밤하늘 그리고 소나무, 랜턴 불빛으로 비춰진 풍경이 잘 어울려 보였다. 작은 돌 하나에 소원 하나, 쌓인 돌탑 그리고 야생화도 사진에 담아가며 오르는 길을 즐겼다.

이런 것이 전과 달라진 모습이 아닐까? 생각했다. 먼 곳에서 찾을 필요 없는 당연한 것들을 가까이에서 내가 먼저 마음을 열고 다가가면 사물은 아름답고 소중하게 다가온다는 평범한 진리를 다시 한번 느껴 본다. 새벽 5시 4분 이정목이 포암산 정상을 0.9km를 가리킨다. 안개가 더욱 밀려오고 1km 중 500m는 급경사로 당연히 힘든 구간이다. 요즘은 겸사겸사 자주 쉬게 된다. 힘든 것도 있겠지만 이번 구간은 무엇보다 랜턴 불빛에 비춰진 주변 소나무가 어우러진 아름다운 모습에 발길을 더디게 했다. 낮과는 또 다른 분위기다. 그리고 오늘따라 또렷한 밤하늘에 유난히 반짝이며 수놓은 찬란한 별빛들도 감상하며 올라갔다.

포암산에 새벽 5시 30분에 도착했으나 내가 꼴찌다. 선두와 10

분이 차이가 난다. 이유는 무엇일까? 풍경 사진을 남기기 위해 늦는 것도 있지만 주된 요인은 요즘 체력이 떨어져 힘든 건가? 생각했다.

아직 주변은 어둡고 일출 시간은 멀었고 기분 좋은 바람도 살살 불어와 느긋한 기분으로 휴식을 취하며 일출 시간이 다가오기를 기다렸다. 쉬는 시간이 길어져 떨어지는 체온을 보호하기 위해 겉옷을 챙겨 입고 30분가량을 기다렸을까? 이번처럼 한 곳에서 오래 기다려 본 기억이 없다. 결과적으로 기다린 보람이 있었다. 탁월한 선택을 잘 했다. 구름 사이로 붉게 타오르는 일출이 시작되고, 우린 멋진 일출을 놓칠세라 정상석 상단에 올라 시선은 줄곧 일출 방향을 주시하며 각자 소원 하나씩 빌어 본다.

그뿐만이 아니다. 또렷한 하늘에 수놓은 찬란한 별빛 하나와 희미한 둥근 달의 조화. 그리고 저 멀리 붉게 타오르는 태양에 비춰진 요동치는 붉은 구름의 모습과 대조적으로 일출 아래로 평온해 보이는 구름바다 물결이 술렁술렁대는 모습은 장관이고, 이런 모습을 볼 수 있다는 것만으로도 마음이 행복해졌다.

우린 셀카 봉 놀이에 재미를 붙였다. 놀이에 빠져든다. 계속 빠져들었다. 함께한 "셀카 봉 놀이"에 행복의 웃음이 포암산 정상에 울려 퍼졌다. 한 시간 동안 세상에 둘도 없는 값진 "행복놀이"에 흠뻑 빠져 있었다. 오전 6시 30분 다시 이어지는 산행 길 만수봉갈림길 (2.8km 1시간 20분 소요 예정)로 향했다.

아직도 일출의 여운이 남아 있어 뒤를 한동안 "힐끗힐끗" 돌아보며 발길을 옮겼다. 선두에 이해영, 이혜련, 최미란, 이태웅, 김호연 님 그리고 그 뒤를 이용주 순으로 푸른 숲길을 걸어갔다. 만수봉갈림길로 향하는 초입, 길은 200m가량이 내리막길로 되어 있다.

아침 공기를 마시고 푸른 숲길을 걸으며 내내 생각을 했다. 먼 곳에서 찾을 필요가 없다. 마음을 열고 바라보니 하나하나가 다 멋지게 나에게 다가왔다. 이 생각이 들기까지 오랜 시간이 걸렸지만 지금 하나하나가 너무나 소중하고 행복했다.

오전 6시 48분 운무가 서서히 나무들 사이를 휘감기 시작했다. 푸른 숲길 사이로 유독 붉은 자태를 뽐내고 있는 홍단풍이 멋지다. 내려가는 길 또한 순탄하고 촉촉한 흙길에 도토리 두 개가 떨어져 있다.

하나는 스스로 떨어져 익은 도토리 또 하나는 떨어지기 싫어 억지로? 떨어진 덜 익은 도토리 모습을 보며 잠시 생각에 잠긴다. 도토리도 자연 순리대로 떨어지면 자연스러운데 억지로 누군가?에 의해 떨어지면 그만큼 힘들겠지?

난 "자연 속에서 평범한 진리"를 또 한 번 배운다.

숲길에 운무와 어우러져 예뻐 보이는 우리 일행들의 멋진 뒷모습을 담기 위해 연신 카메라 셔터를 눌러댔다. 멋진 순간순간의 기회를 가끔 놓쳐 아쉽지만 내 입가에 "흐뭇한 웃음을 짓고" 있다는 걸 느낀다.

오전 6시 48분 0.9km 포암산을 지나 행복한 "아침의 시간"을 맞았다. 푸른 나무 사이를 휘감고 있는 운무를 투과하는 아침 햇살이 무척 아름답고 신선했다. 오전 7시 24분 마골치에 도착했다. 이곳부터는 통제 구간으로 누군가에게 양해를 구하며, 꼭뒤바위봉까지는 3.6km 평범한 산길을 걸어 오전 7시 40분 941봉 근처인 듯 술렁술렁대는 구름바다가 우리 일행들 발길을 멈춰 세웠다.

일렁대는 구름바다는 멋진 한 폭의 그림을 감상한 느낌을 주었다.

지금까지 3시간여 흐트러지지 않고 행렬은 지속되면서 걸었다. "누구 하나 급함은 찾아볼 수 없이 여유롭다."

우린 아침 식사 할 장소를 찾아 오전 8시 34분 배낭을 벗고 넓은 바위에 각자 편한 자세로 쉰다. 난 허기가 져서 기운도 떨어지고 지친다. 땀을 많이 흘려서 그런가? "아침을 먹고 기운" 내자고 다짐을 한다. 아침 메뉴는 전(前) 구간에 먹었던 수제 토마토 소스에 식빵을

노릇노릇하게 구워 맛있게 먹었던 기억의 연장선에 있는 듯했다. 이혜련 님이 또 특제 소스를 준비해 왔던 것이다. "바나나 잼" 맛은 일품(一品)이었다.

오전 9시 맛난 아침 식사를 하고 부리기재 3.8km(1시간 45분 소요 예정), 대미산(1,115m) 1.5km(40분 소요 예정)로 향했다. 1034봉까지 약 250m의 지속된 오르막길이었다. "여유는 온데간데없이 쉬는 시간"은 사라졌다. 첫 번째 고비가 왔다. 기운이 갈수록 빠진다.

선두는 보이질 않는다. 몸은 점점 지쳐 간다. 몇 번이고 참자~ 참자~ 다짐을 한다. 하지만 그것도 잠시뿐 마음이 무너진다. 결국 내가 힘든 길을 왜! 걷고 있지? 왜 왔지? 별별 생각이 다 들었다. 그러나 그것도 잠시……. 그렇게 힘든 첫 번째 고비를 넘겼다.

그렇게 쉼 없이 한 시간 넘게 오르막을 올라 턱까지 차오른 숨을 안정시키고, 난 생각했다. "선두 참~ 잘 가네~ 하하"

이혜련 님과 최미란 님 여성 두 분 정말 잘~ 간다. 가는 길에 서로 얼굴 보기가 힘들다. 이유는 내가 못 따라가서 그런 것이겠지? 생각했다. 한때 룰루랄라~~♬ 했던 시절도 있었는데 "아~ 옛날이여."

누적 거리 11.4km, 앞으로 7.73km쯤 남았다. 또 그렇게 쉼 없이 한 시간 넘게 대미산 정상 오르막길을 올라갔다.

선두와 5분은 차이가 난다. 대미산 정상까지 올라올 때쯤 컨디션

이 제자리를 찾아 줘 다행이다. "나의 들쑥날쑥한 컨디션은 그 누구도 모른다."

오전 11시 45분 단숨에 대미산(1,115m) 정상에 도착했다. 이태웅 님이 작렬하는 태양 아래서 대간 플래카드를 양손으로 번쩍 들고 다함께 인증 샷을 찍었다. 소소한 재미들이다. 낮 12시 대미산 정상 근처에서 체력 보충을 위해 점심 식사를 하기로 했다.

점심 메뉴는 코펠에 소고기 불고기와 햇반을 혼합하여 김치와 고추장을 넣어 함께 볶았다. 맛은 어땠을까? "시장이 반찬"이란 말이 있다. 하지만 시장이 반찬이란 말을 뛰어넘었다.

모두들 맛있는 점심 식사를 하고 다음 목적지를 향해 마음의 준비를 한 후 오후 1시 8분 오후 산행을 시작했다. 문수봉갈림길(1,046m), 0.96km(20분 소요 예정), 새목재(826.4m), 0.87km(20분 소요 예정), 986봉 1.8km(50분 소요 예정)로 향했다. 이곳 하산 길은 내리막길이다. 잡풀이 우거진 헬기장 문수봉갈림길을 지나 새목재에 도착하고, 이때도 행렬은 계속 유지되고 있었다.

오후 2시 15분 선두팀의 발걸음이 점점 빨라진다. 햇볕이 강렬한 오후 시간 나무숲길이 햇볕을 가려 주어 그나마 다행이었다.

숲길 덕분에 더위는 좀 덜었지만 그래도 땀은 비 오듯 흘러내렸다. 이번 구간엔 나와 최미란 님 등산복 컨셉이 비슷하다. 무의식적으로 부부는 닮아 간다.

오후 2시 54분 드디어 백두대간 절반 표지석 앞에 우리들은 서 있다. "시작이 반이다"란 말이 있다. 엊그제 같았건만 어느덧 반을 지나 뜻깊은 이 자리에 우리들은 서서 행복한 미소로 파이팅을 외친다.

안내 표지석에 백두대간 중간 지점이라고 쓰여 있다. 734.65km "천왕봉에서 진부령까지" 그리고 "종착 지점을 향해 파이팅" 우리들은 다짐한다.

차갓재로 향했다. 철탑을 지나 우측으로 문경시 안생달마을로 향했다. 오늘 들머리 때 길처럼 날머리 하산 길도 큰 나무들로 우거진 숲길이 멋지게 다가왔다. 오후 3시 53분 안생달 마을길로 하산했다.

최미란 님과 이혜련 님의 분홍빛 꽃을 오른쪽 귀에 꼽고 기념사진 한~컷! 이 또한 소소한 재미와 행복이 아니겠는가?

21구간

(2015.10.03.)

  오늘은 개천절(開天節)이다. 곧 400km 거리를 눈앞에 둔 백두대간 대장정, 항시 우리에게는 특별한 날이다. GPS상 누적 구간 389.477km.

  백두대간 21구간, 안생달마을~저수령까지 13.96km 등반 여정을 이해영, 이태웅, 김호연, 최미란, 이혜련, 이용주와 함께 6인은 새벽 4시 14분에 들머리 안생달마을(문경시)에 도착했다.

  안생달마을~작은차갓재~황장산(1,077.3m)~황장재~폐백이재(928m)~벌재~문복대(1,077m)~저수령까지다. 오늘 산행은 평소 거리보다 짧아 만나는 시간을 늦춰 아침 산행을 하려 했으나 지난 구간 포암산에서 찬란하게 떠오르던 여명이 생각나 오늘도 그 감흥을 느끼기 위해 새벽 산행을 계획하였다. 안생달마을에 도착, 등반 준비를 하고 기념 촬영까지 한 우리는 10월 초 가을의 향기를 맡으며 헤드랜턴 불빛을 따라 걸었다.

  일출 광경을 볼 수 있다는 희망을 품고 황장산으로 향했다. 경사가 있어 힘겨울 줄 알았다. 하지만 오늘따라 힘들지가 않는다. 황장

산의 일출을 향해 "GO~GO"

새벽 4시 16분 이정목에 안생달 안내 표지목이 방향만 가리킨다. 콘크리트 포장길을 따라 걸어갔다. 주변은 어둠으로 고요하다.

얼마쯤 걸었을까? 지난 구간에 철탑을 끼고 내려왔던 곳인 줄 알았는데 잠시 이곳에서 주춤하며 방향과 길을 다시 찾아 작은차갓재로 향했다. 잠시 후 백두대간 중간지점 안내 표지석 앞에 도착해 발길을 멈췄다. 표지석에는 페인트가 벗겨져 자세히 봐야만 알아볼 수 있는 글귀와 방향을 알리는 아주 오래된 낡은 목재가 나란히 서로 벗처럼 기대어 있고 새겨진 글귀엔 왼쪽으로 지리산과 오른쪽 화살표 위쪽으로 새겨진 글씨는 반쯤 떨어져 알아볼 수가 없으나 진부령인 듯 짐작으로 알 수 있었다. 잠시 후 작은차갓재 헬기장에 도착해 잠시 휴식을 취했다.

10월의 가을 산. 곧게 뻗은 나무들 아래 낙엽이 수북이 쌓여있다. 가을의 정취를 한껏 느끼며, "바스락 바스락" 낙엽소리가 정겹다.

새벽 5시 9분 아직 주변은 어둡다. 황장산으로 향하는 길은 암릉으로 이루어져 있으며 300m가량 경사지로 1시간여 가면 된다. 일출이 잘 보이는 곳 멧동바위에서 일출을 보자며 기대에 부풀어 걷는 발걸음도 가벼웠다. 등로 길목엔 특이한 돌탑이 있다. 일단에는 네모난 돌에 그 위로 삼각형의 돌이 이단으로 놓여 있어 카메라에 담았다.

암벽과 로프가 나타나도 이제는 겁먹지 않는다. 예전과 달리 우리에겐 익숙해져 있다. 그래도 우린 안전제일주의를 지향한다. 조심하며 암벽을 오른다.

새벽 5시 48분 경사진 암벽이 시선을 압도한다. 암벽을 오르는 동안 칼바람이 우리의 몸을 움츠리게 했다. 10월 초의 가을바람이 아니다. 잠시 멈추면 찬바람이 불어와 금방 땀을 식게 하고 겉옷을 입지 않으면 금세 추위에 떨고 만다. 선두에 이해영 님이 항상 먼저 움직여 안전한 곳을 확보하고 그 뒤로 이혜련, 최미란 님 순으로 예전과 많이 달라진 모습들이다. 안정적으로 잘 올라가고 잘 내려가지만 진행하는 속도는 느리다. 더디긴 해도 암릉길에서 특히 안전이 최우선이다.

아침 시간이 가까워지자 일출에 대한 기대 심리는 한층 더해갔다. 밤하늘엔 멀리 짙은 구름이 보인다. 일출이 뜨면 멋지겠다!

오전 6시 12분 황장산 정상에 도착했다. 아침 시간을 맞이한다. 하지만 정상석 주변은 나무들로 둘러싸여 조망은 없다. 그래서 황장산 가기 조금 전 멧둥바위에서 일출을 감상하기로 했건만 결국 황장산 정상까지 오고 말았다. 일출을 보지 못해 아쉽다. 단단히 기대하고 왔건만 자연은 쉽사리 일출을 볼 기회를 주지 않았다.

0.86km(35분 소요 예정) 황장재로 향했다. 이어지는 등로길은 칼날능선과 로프로 이뤄져 있다. 날이 밝으면서 회색빛 구름이 짙게 깔려 있다. 암릉 양쪽 사이로 형형색색의 단풍들이 또 한 계절이 깊

어 감을 알리고 능선들은 가을 분위기를 한층 더 연출해 주고 있었다. 오전 7시 14분 황장재를 지난 듯싶다. 이정표가 인색하여 어딘지 명확한 구분이 어려웠다. 능선을 따라 걸었다 잠시 발길을 멈춰선 곳은 조망이 가장 좋은 넓은 바위다. 곳곳에 짙은 회색빛 구름으로 기대한 일출은 보지 못했지만 사방으로 내려다보이는 탁 트인 조망에 기분을 들뜨게 했다.

쌀쌀한 바람을 맞으면서도 서로에게 웃는 표정들이다.
주위가 어딘지 분간이 어렵다. 하지만 신경 안 쓰고 걷는다. 오전 8시 우리 일행이 걷는 뒷모습은 단풍과 잘 어우러져 멋지다. 황장재에서 폐백이재까지 2.4km(1시간 15분 소요 예정)로 시간적으로 폐백이재는 지난 듯 보였다.

잠시 동안 알바를 했다. 하지만 제자리를 금방 찾았다. 김호연 님 덕분으로……. 방향을 가리키는 시그널리본이 직진과 우측 길을 가리켰다. 진짜처럼 보이는 직진하는 곳이 알바하는 길이다. 당연히 직진 길은 나뭇가지와 무거운 돌 몇 개로 가로막아 다음 사람을 위해 배려하는 마음. 우리 팀의 마음씨가 정말로 착하다.
방향을 잘못 알려 주고 있는 시그널리본을 몇 개 풀어 대간길목에 걸어두고 산행을 이어 갔다. 오전 9시 8분쯤 눈에 비친 모습은 신기해 보였다. 우측은 여름 풍경, 좌측은 가을 풍경 두 개의 계절이 공존하듯 풍경이 환상적이고 자연의 오묘함으로 우리에게 하나에 교

훈을 주고 있었다. 오전 9시 50분 배고픔의 신호가 왔다.

가는 길목엔 아침 식사 장소가 마땅치 않아 벌재로 향하면서 장소를 물색했다. 능선이다 보니 찬바람이 불어와 적당한 장소가 없어 아침 식사 시간이 늦었다. 결국 찾은 곳은 벌재 조금 못 가 어느 한적한 평지를 찾아 배낭을 헤쳐 풀었다. 오늘 아침 메뉴는 떡만두와 라면을 맛있게 끓였다. 라면 국물에 햇반 한 개를 넣고 끓여 이태웅 님과 김호연 님 몫이 되었다. 그리고 만두를 프라이팬에 기름을 살짝 넣고 굽기 시작했다. 노르스름하게 익은 만두 맛은 일품이었다.

살림살이를 새로 장만했다. 전의 장비는 수동이면 이번엔 업그레이드된 자동 셀카 봉이다. "셀카 봉 놀이에 재미를 더했다."

시간이 여유롭다. 충분한 휴식을 취하고 오전 11시 벌재를 향해 출발했다. 잠시 후 헬기장에 도착해 밝은 모습으로 인증 샷을 찍고 다시 출발해 벌재에 도착했다. 59번 국도를 건너 도로를 따라 조금 걸어 오전 11시 26분 벌재 정상석 앞에 도착했다. 누적 구간 7.96km 약 7시간째 산행 중이다. 등로길이 너무나 힘해 속도를 내지 못하고 있었다. 문복대까지 남은 거리 3.7km.

822봉으로 향하는 길은 일명 깔딱고개다. 우리 팀은 잘~~ 간다. 언제나 오늘처럼 나를 응원한다.

곧게 뻗은 잣나무가 시원시원해 보여 마음도 푸르다. 오후 12시 37분 이곳 날씨는 쾌청하다. 겉옷을 몇 번이고 입고 벗고를 반복하면서 이어지는 산행에 김호연 님이 줄곧 힘겨워한다. 아무래도 아침 식사 때 먹은 게 체한 모양이다. 오후 12시 56분 1020봉으로 향했다. 250m의 마지막 깔딱고개다. 이어지는 산행 길에는 빛깔이 아름다운 단풍이 눈과 마음을 호강시켜 준다. 이름 모를 들꽃도 보기 좋다. 오늘은 컨디션이 좋아 1020봉을 그다지 어려움 없이 올라갔다. 오후 1시 32분쯤 문복대에 도착했다. 시간이 여유롭다. 휴식을 취하는 가운데 김호연 님이 체한 관계로 컨디션 난조를 보여 이해영 님이 수지침으로 열 손가락을 사정없이 따고 혈을 짚어 응급조치를 해 주고 잠시 동안 휴식을 취했다.

산행 중에 가장 많이 발생하는 일들이 음식을 먹고 체하는 일이다. 응급조치를 받은 김호연 님이 잠시 후 회복을 하고 산행을 이어갔다.

꿀맛 같은 낮잠을 뒤로하고 만복대 정상에서 김호연 님이 플래카드 담당자로 당첨, 양팔을 번쩍 들어 환하게 다 함께 인증 샷을……

앞으로 저수령까지 2.3km(1시간 15분 소요 예정) 하산 길이다. 대열은 흐트러짐 없이 다함께 걷고 있는 모습들이 보기 좋아 잠깐 불러 세웠다. "잠깐만요. 잠시 멈춰 주세요. 사진 찍게요." 이렇게 한 번 더 웃음이 오고 가며 오후 2시 45분 날머리 저수령에 도착했다. 산행 시간 10시간 30분. 이번 백두대간 21구간은 시간도 여유로웠고 모두들 즐겁고 행복한 산행으로 마무리하게 되었다.

22구간

(2015.10.17.)

거리 300km에서 400km대로 바뀌는 날이다. 백두대간 대장정, 이젠 "백두대간" 말만 나오면 마음이 설렌다. 그리고 입가에 미소가 지어지고 기분이 좋아진다. 이젠 온전히 마음도 몸도 자연에 적응한 상태인 듯하다. 우리에게는 나름 사연을 간직하고 있기 때문에 백두대간은 특별(特別)하다.

"GPS상 누적 구간 409.187km"

백두대간 22구간, 저수령~죽령까지 21.71km 등반 여정을 시작했다.

이해영, 이태웅, 김호연, 최미란, 이혜련 님과 이해영 님 후배 현영기 님이 처음으로 합류하고 7인은 12시에 만나 들머리 저수령 휴게소로 향했다. 새벽 2시 7분 단양휴게소에서 잠시 휴식을 취하고 새벽 2시 40분 저수령 휴게소에 도착했다.

저수령휴게소~투구봉~시루봉(1,116m)~배재~싸리재~흙목(1,033.5m)~솔봉(1,102.8m)~모시골~묘적령(1,025m)~묘적봉(1,156m)~도솔봉(1,315.6m)~흰봉산갈림길(1,288m)~샘터~죽령까지다.

이번 구간은 고도 1,000m를 오르고 내리고를 반복해야 하는 구간이다. 매번 같은 행동이지만 새롭다. 도착해 등산화 끈을 묶고 헤드랜턴 불빛을 비춰 가며 스틱 조정 등 산행 준비에 분주하다. 이제는 숙달이 되어 각자 얼굴 표정에는 여유로움이 묻어 있다. 그렇게 분주하게 마무리하고 백두대간 표지석에서 단체 인증 샷으로 백두대간 대장정의 서막을 시작한다. 새벽 2시 43분 가지런히 설치되어 있는 목재 계단에 첫 발을 딛으며, 우린 그렇게 "가을의 향기"를 맡으며 헤드랜턴 빛을 따라 산행을 시작했다.

촛대봉으로 향했다. 처음부터 가파르다. 땀도 많이 안 나고 등산하기에 좋은 날씨와 계절이다. 이젠 우리에게 무언의 질서가 확립되어 있다. 이해영 님이 선두에, 후미는 내가 지킨다. 언제부터인가 스틱을 꺼내지 않고 올라간다. 우리 멤버들의 순간순간 멋진 모습을 남기기 위해……

주변은 어둠으로 고요하고 어느 순간 길은 가파르다. 1km를 30여분 걸어 숨 가쁘게 도착한 곳! 촛대봉(1,080m) 정상석이 우릴 반긴다. 이슬로 축축이 젖은 땅에 떨어진 붉은 낙엽과 앙상해지는 나뭇가지 사이로 캄캄한 밤하늘을 올려다보니, 순간 나의 감성도 촉촉하게 적셔 주었다.

21구간에 가을의 정취를 한껏 느끼던 낙엽 소리와 달리 오늘은 촉촉한 낙엽들의 분위기가 다소 느낌은 다르지만 시각적 감성을 더

해 준다. 그래서 더욱 정겹다.

　안내 표지목은 자기자리를 지키며 시루봉(1,110m)이라 알리고 우리가 갈 곳 배재와 솔봉을 소리 없이 가리킨다. 새벽 3시 43분 어둠 속에서 잠시 휴식을 취한 다음 산행을 이어 가 배재와 싸리재를 지나 흙목(1,033.5m)으로 향하던 중 누군가 두 개의 나무에 밧줄을 연결해 "V"자형 그네를 만들어 놓은 걸 그냥 지나칠 수 없어 그네 놀이에 잠시 재미를 붙였다. 그리고 도착한 곳 흙목 정상, 새벽 6시 17분 여명이 밝아 오기 시작했다. 일출이 잘 보이는 곳과 조금이라도 바람을 막아 주는 곳을 찾았다. 아침 날씨가 무척 쌀쌀하다. 숲이 울창해 조금이라도 일출을 선명하게 보기 위해 일출을 볼 수 있는 자리를 찾고 시선은 모두 동쪽에 두고 있었다. 일출이 주는 효과는 엄청 크다. 일출 장관은 진한 감동과 마음을 설레게 하기 때문이다.

일출 시간이 서서히 가까워지자 일출에 대한 기대 심리는 한층 더 해 갔다. 새벽 6시 20분 나뭇가지 사이로 저 멀리 한 폭의 그림처럼 보이는 일출 광경! 어찌나 예쁘던지 또 한 번의 진한 감동을 주심에 감사했다.

무려 30여 분 동안 일출 광경에 푹 빠져들었던 마음을 뒤로하고 흙목을 향해 출발했다. 나뭇가지 사이로 비치는 파스텔 같은 일출의 색감은 멋스럽고 아침 햇살과 멀리 보이는 선명한 능선들 사이로 구름 물결을 이루고 있는 운무의 조화는 일출의 모습과 또 다른 모습에 한동안 여운은 지속되었다.

김호연 님과 후미에서 걷다 보니 선두는 언제 볼지 모른다. 선두를 따라잡기 위해 발길을 서둘렀다. 모두가 나란히 걸어가는 모습을 순간 포착하기가 무척 어렵다. 깜박할 사이에 선두는 보이지 않는다. 흙목(1,033.5m)에서 솔봉까지 3.1km(1시간 30분 소요 예정) 한참을 걸었다. 발길을 멈춰선 곳이 헬기장이었다. 오전 7시 26분 내리쬐는 눈부신 아침 햇살이 따뜻하게 다가오고 주변은 키만큼 큰 갈대가 살랑살랑 춤을 추듯 바람에 흩날리고 있었다. 이곳에서 아침 식사를 하기 위해 옹기종기 모여 앉았다.

쌀쌀한 날씨에 따스한 햇살이 그립다. 아침 햇살처럼 우리들 입가에 미소가 보인다.

오늘 아침 메뉴는 "불고기". 맛은 일품이다. 디저트로 커피 한 잔, 여유롭게 새벽산행 피로를 푼다. 충분한 휴식을 취하고 오전 8시

27분쯤 솔봉(1,102.8m)을 향해 출발했다. 누적 구간 6km. 약 6시간 남짓 등반 중이다. 해가 뜨고 나면 행렬 순서가 변경되었다. 야간에는 이해영 님이 선두에서 길을 안내하고 날이 밝으면 맨 뒤에서 일행들을 지켜 주고 있다.

맨 뒤에서 사진을 찍다 보니 풍경만 찍을 수는 없다. 김호연 님 뒷모습만 보인다. 그래서 변화를 주기 위해 중간에 서서 앞뒤 사진을 찍었다. 가끔 변화도 필요한 듯싶다. "바쁘다 바빠~~"
바닥에 수북이 쌓여 있는 낙엽을 밟을 때 바스락거리는 소리는 깊어 가는 가을을 자연이 인간에게 알려 주는 것 같다.

뒷모습만 계속 찍을 수 없다. 걷다가 집사람을 불렀다. 그리고 앞모습을 인증 샷을 찍는다. 특히 계절과 옷차림이 잘 어울린다. 붉게 물든 단풍 색감처럼 예쁘고 멋지다.
오전 9시 솔봉을 지나 모시골 헬기장에 도착하니 안내 표지목이 묘적봉을 1.7km를 가리킨다. 싸늘한 날씨가 언제인 양 햇살은 강렬했다. 묘적봉으로 향하는 길은 오르내림이 편한 길로 되어 있고 오전 9시 16분 안내목이 묘적령 1.7km를 가리킨다.

지대가 높은 곳은 낙엽이 수북이 쌓여 있어 깊어 가는 가을을 알리고, 지대가 낮은 곳엔 싱싱한 나뭇잎이 아직은 왕성했다. 오전 9시 46분 묘적령(1,020m)에 도착했다. 현영기 후배도 힘든 기색 없이 잘 따라와 주었다. 묘적령 안내 표지석에서 "걸어서 백두대간 풍경을 담다 행복한 도전" 플래카드를 서로서로 돌아가며 붙잡고 행복한 인증 샷을 찍어 보았다. 잠시 쉬는 시간 배낭을 베개 삼아 낙엽 깔린 바닥에 등을 대고 졸린 눈을 감았다. 잠시 쉰 사이에 졸음을 쫓아 버렸다. 꿀맛 같은 휴식을 뒤로하고 다음 구간으로 출발해 40분가량 걸어 도착한 곳은 묘적봉(1,156m)이다.

사방이 탁 트인 조망에 긴장하며 걷고 있는 우리 마음들을 무장해제시킨다. 굽이굽이 펼쳐진 능선들과 파란 하늘이 우리 마음을 정화시킨다.

오늘 산행 중 해발이 가장 높은 안내 표지목이 도솔봉(1,315.6m) 1.9km를 가리킨다. 앞으로 목적지까지 약 7km가량 남았다.

묘적봉 정상석 뒤로 저 멀리 보이는 능선을 따라가면 도솔봉이다. 이곳부터 헌봉산갈림길까지 약 4km가량을 300m 치고 올라가야 했다. 막바지 힘을 내야 하는 구간이다. 오르내림이 만만치 않다고 생각하고 힘차게 첫 관문인 도솔봉을 향해 출발했다.

오전 11시 40분 1시간가량을 걷다 보니 어느새 도솔봉 0.7km 남았다는 안내 표지석이 우뚝 서 있다.

드디어 올 것이 왔다. 급경사로 이루어진 목재 계단의 향연(饗宴), 우리를 맞이하는 듯한 모습에 우리들도 반갑게 손짓으로 답례를 했다. 하지만 후미 그룹엔 입가에 웃음을 잠시 감춘다.

확실히 힘든 만큼 기쁨의 희열(喜悅)을 느끼는 모양이다.

땀을 뻘뻘 흘리고 숨을 급하게 쉬며 힘들게 올라와 탁 트인 전망을 보다 보면 힘들었던 생각은 금방 사라진다. 역시 이 맛이다.

오전 11시 50분 드디어 도솔봉에 도착했다. 큰 바위에 기대 쉬고 있는 최미란, 이혜련, 이해영 님까지 후미 팀을 반기며 모두 활짝 웃는 얼굴들이 행복해 보이고 현영기 후배도 도착하면서 행복한 표정을 짓고 있었다.

도솔봉 정상에서 인증 샷! 헬기장 너머로 멀리 보이는 곳이 학수고대한 23회차 구간 소백산이라 생각하니 벌써부터 마음이 설렌다. 앞으로 삼형제봉까지 45분가량 가면 된다.

잠시 휴식을 취한 후 산행은 이어지고 진행하면서 점심 식사 장소를 물색했다. 낮 12시 13분 커다란 바위 옆에 적당한 장소를 찾아 점심 식사 준비를 하는 동안 다른 일행들은 각자 쉬기 편한 장소를 찾아 오전 산행에 피로를 풀고 있다. 오늘 점심 메뉴는 "샌드위치" 허기진 배를 채우기에 안성맞춤이었다. 식사를 하고 충분한 휴식을 취한 다음 오후 12시 42분 죽령으로 오후 산행을 시작해 오후 1시 14분 안내 표지목이 죽령탐방지원센터까지 5.4km를 가리킨다.

형제봉의 첫 번째 관문 급경사가 우릴 기다리고 있다. 두 번째 난코스 흰봉산갈림길이 우릴 또 기다리고 있다. 가파른 경사면과 가파른 경사 계단이 결국 현영기 후배에게 체력의 한계를 오게 만들었다.
현영기 후배는 얼마 전부터 증상이 조금씩 나타나기 시작했다. 이해영 님이 응급 처방을 했음에도 불구하고 힘든 모습이 역력했다. 다리근육 문제로 참기 힘든 고통이었을 것이다. 그래도 힘든 모습을 숨기고 인내하는 모습이 대단하다.

응원한다. '후배님 힘내요' 마음속으로 외쳤다.
삼형제봉에서 흰봉산갈림길까지 한 번만 내려갔다 잠깐만 박차고 올라가면 된다. 힘내자, 마음속으로 나를 응원했다. 오후 2시 죽령탐방지원센터까지 4.4km, 이정목이 가리킨다. 산행은 이어지고 흰봉산갈림길에 도착해 잠시 휴식을 취했다. 지금부터 500m가량은 내리막길이다. 산행 시간 10시간을 넘기고 있다. 이어지는 내리막길도 힘들다.

양쪽 발가락에 무리가 오기 시작했다. 온몸으로 통증이 전달되어 속도가 뒤처지고 만다. 좀 더 일찍이 신경을 써야 했었다. 가깝게 있는 분의 조언을 들어야 했었다.

어느덧 선두 그룹은 일찌감치 내려가고 보이질 않았다. 후미 그룹에 있던 분도 깜빡할 사이 보이질 않았다. 그도 그럴 것이 발가락이 아파 너무 느리게 가고 있었던 것이다. 결국 남은 사람은 김호연 님과 단 둘뿐이다. 김호연 님이 보조를 잘 맞춰 주었다. 등산화 끈을 다시 조이기 시작했다. 그런데 생각보다 무척 느슨하게 묶여 있던 것이다. 결국 느슨하게 묶여 있어 발가락에 탈이 나고 말았던 것이다. 끈을 꽉~ 조이고 나니 한결 아픔이 덜했다. 햇살을 등에 지고 내려가는 동안 주변의 풍경을 카메라에 담았다.

늦었음에도 들를 곳은 다 들른다. 바위틈에서 졸졸 흐르는 샘터에서 물도 받아 마시고, 앞으로 1km 남았다. 무척 길게 느껴졌다.

선두 그룹은 한참 동안 우릴 기다리고 있었다. 다 함께 모여 남은 길은 여유를 가지고 담소를 나누며 함께 걷고 걸어갔다. 오후 3시 44분 죽령탐방지원센터까지 0.5km 가리킨다. 오후 3시 47분에 죽령에 도착했다. 산행 시간 13시간, 오늘도 즐겁고 행복한 산행을 무사히 완주하게 되어 기쁘고 행복했다.

23구간

(2015.11.21.)

칼바람으로 명성이 자자한 소백산 그 명성을 몸소 체험하고자 오랜 기다림 속에서도 기분 좋은 설렘은 지속된다. *생각만 해도 신이 난다. 소백산 등반을 끝으로 올해 마지막 백두대간 등반이 될지 모른다. 오늘은 특별히 큰아들과 함께 등반했다. 가족과 소백산의 추억여행. 가족과 함께하는 자체가 우리 가족에게 특별(特別)한 선물이다. GPS상 누적 구간 434.347km.*

백두대간 23구간, 죽령~고치령까지 25.16km 산행을 시작한다.

소백산 명성에 걸맞은 기대감에 학수고대하고 기다렸다.

22구간(2015.10.17) 이후 2주 후 소백산을 백두대간 등반이 계획되어 있었다. 일주일이 지나고 갈 날이 며칠 남지 않았다. 하지만 날씨가 좀처럼 허락하지 않았다. 일기예보에 금요일부터 주말까지 비가 내린다고 한다니 "급 실망"으로 바뀌었다. 결국 5주가 지난 오늘 드디어 소백산을 가게 되어 기쁘다. 출발 전날 이태웅 님에게 카톡이 왔다. "산행 복장에 겨울 장갑과 모자 필히 지참"하라는 내용이다. 철저히 준비하라는 마음의 배려가 묻어 있다.

이해영, 이태웅, 김호연, 최미란, 이혜련 님과, 그리고 큰아들 이

성재가 동행해 7인은 12시 죽령으로 향했다.

죽령~제2연화봉(1,357.3m)~연화봉(1,383m)~제1연화봉(1,394.4m)~비로봉(1,439.5m)~국만봉(1,420.8m)~상월봉(1,394m)~늦은맥이재(1,265m)~연화동갈림길(이정표)~1,031.6봉~마당치~형제봉갈림길(1,032m)~고치령까지다. 새벽 3시 06분 중령휴게소에 도착하니 새벽 공기가 무척 쌀쌀했다. 모두 겨울 산행 복장이다. 쌀쌀한 날씨에도 얼굴 표정에는 여유로움이 묻어 있다. 산행 준비를 마무리하고 단체 인증 샷! 바로 비로봉을 향해 출발했다. 소백산에서 바라보는 일출 광경을 기대하며 우린 그렇게 겨울의 문턱에서 기분 좋은 산행을 시작했다.

처음부터 콘크리트 포장길을 걸었다. 주변은 어둠으로 적막하고 선두에 이태웅 님 그 뒤로 최미란, 이혜련, 이성재 그리고 나, 이해영 님과 김호연 님이 천천히 그 뒤를 따랐다.

모두들 가벼운 걸음으로 오르막 콘크리트 포장길을 걸었다.

바람은 불지 않아 등반하기에 제격이다. 편안한 길인데도 숨이 가쁘다. 아들 성재는 아무렇지도 않게 장난스런 표정을 짓는다.

발길을 잠시 멈춰 섰다. 밤하늘을 바라봤다. 반짝이는 별들과 눈이 마주친다. 초롱초롱한 수많은 별들이 눈과 마음을 호강(豪强)시켜 준다. 나뭇가지 꼭대기에 주렁주렁 달려 있는 별들이 크리스마스 트리를 연상케 했다.

새벽 4시 50분 제2 연화봉 표지석에서 잠시 휴식을 취하며 따뜻한 커피 한 잔과 인증 샷도 찍었다. 2년 전의 기억이 났다. 2013년 10월 3일에 이해영 님과 단둘이 설악산 백담사 주차장부터 백담사를 거쳐 오세암과 봉정암 그리고 백담사 주차장으로 왕복 34km, 콘크리트 포장길을 14km를 돌아온 적이 있다. 시멘트 포장길을 걸을 때 둘 다 고관절에 무리와 고생했던 기억이 있다. 그때 생각이 났다. 이번에도 포장길을 걷는 중에 증상이 왔다. 잠시 후 증상이 완화되었지만 이해영 님은 그때 상황처럼 한참 전부터 증세가 왔던 모양이다. 고통스럽다는 것은 경험한 사람만이 안다. 모두들 이해영 님을 걱정하고 염려해 주었다. 힘든 것 같은데 이해영 님은 괜찮다고 한다. 제2 연화봉에서 2.6km 가면 연화봉이 나온다. 중계소와 전망대를 지나 천문대로 향했다. 안내 표지목에 왼편으로 비로봉 4.3km와 연화봉 0.2km를 가리킨다.

연화봉으로 향하던 중 목재 계단이 나타났다. 하얀 살얼음으로 미끄럽다. 새벽 5시 50분 연화봉에 도착. 엄마와 아들이 나란히 정상석에서 인증 샷! 좋은 추억으로 간직하길 바라는 마음에 흐뭇했다.

제1 연화봉까지 1.6km 중간쯤 등산로 양쪽으로 철쭉군락지를 지나 목재 계단 데크에서 발길을 멈췄다. 새벽 6시 35분 저 멀리 타오르는 듯한 색감에 눈길을 돌린다. "멋지다" 감탄했다. 붉게 타오르기 시작하는 일출 모습이 장관을 이루고 있었다. 멋진 모습을 아들과 함께하고 싶었지만 눈 깜짝할 사이에 멀어졌다.

새벽 6시 42분 제1 연화봉에 도착해도 아직 주변은 어둡다. 비로봉까지 2.5km(1시간 10분 소요 예정) 기다리고 기다리던 소백산 비로봉으로 발길을 옮겼다. 조금 전 멋진 광경을 아들과 함께 못함을 바로 만회하였으나 아들은 감흥(感興)이 있는지 없는지 아리송한 표정이다.

짙은 구름 사이로 붉게 물든 꽃처럼 피어나는 일출 광경과 탁 트인 전망을 보다 보면 힘든 생각은 금방 사라진다. 또 하나의 추억을 간직한 채 비로봉으로 GO~ GO~

오늘 산행 길은 추위와 세찬 바람과 싸울 각오로 왔는데 예상과 달리 바람도 잔잔하고 날씨가 좋아 산행하기에 제격이다. 저 멀리 병풍처럼 펼쳐진 능선들이 아름답다. 오랜만에 느끼는 능선의 포근함에 행복을 더했다.

능선 위로 유선형처럼 펼쳐진 등산로는 한 폭의 그림이라 생각했다. 순간 덕유산의 좋은 감정을 기억한다. 덕유산의 분위기와 흡사해 더욱더 친근함을 느낀 모양이다.

분위기에 반했다. "앞을 봐도 멋진 모습, 뒤를 돌아봐도 멋진 모습" 시선은 '두리번두리번 바쁘다.' 새삼 자연의 위대함에 또 한 번 감탄했다. 멋진 풍광에 추억을 기억했다.

한 폭의 그림은 또 있다. 엄마와 아들의 다정한 모습과 손가락으로 일출을 향해 삿대질하는 포즈에 내 입가엔 흐뭇한 미소를 짓는다.

아침 햇살이 능선에 비치는 멋진 모습을 감상하며 걷다 보니 어느새 산불 감시 초소를 지나 비로봉 정상이 코앞으로 다가왔다. 오전

7시 54분 소백산 최고봉인 비로봉 정상에 도착했다.

해가 뜨고 있다. 일출 광경을 다소 진지하게 바라보고 있는 우리 일행들 모습, 누가 무엇 때문에 밤새 힘들게 여기까지 걸어오게 했을까? 정상에서 일출을 바라보는 모습들이 이 또한 한 폭의 그림으로 아름답기 그지없었다. 안내 표지목 옆으로 돌탑과 석탑이 "충청북도"라고 가리킨다. 그리고 비로봉 정상석 뒤편에 새겨진 내용은 "경상북도 영주시"라고 표기되어 있다.

우리는 소백산 가장 높은 정상 비로봉에서 "걸어서 백두대간 풍경을 담다" 플래카드를 꺼내 단체 인증 샷을 찍고 간식과 커피도 마시며, 담소로 더욱 즐거운 휴식 시간을 보냈다. 오늘은 우리의 슬로건처럼 마음속으로 '풍경을 담아서 좋다'. 지금까지 지나온 능선과 앞으로 갈 능선이 한눈에 들어온다. 오전 8시 21분 꿀맛 같은 휴식을 뒤로하고 3.1km(1시간 30분 소요 예정) 국만봉을 향해 발길을 옮겼다. 국만봉으로 향하는 길은 숲길도 있고, 조망도 있고, 돌탑들도 보인다. 국만봉으로 향하는 길은 데크목으로 정비가 잘 되어있다. 길은 편하고 걷기도 수월했지만 인위적으로 만든 길을 걷다 보니 조금은 아쉬움도 있었다. 안내 표지목이 국만봉이 1.3km 남았다고 알린다. 언제부터 아들과 단둘이 걸었다.

산행 도중 성재 독사진도 찍어 주고, 또 아들 성재가 내 독사진도 찍어 주었다. "성재야~~~~ 함께해 줘서 고맙다."

오전 9시 21분 안내 표지목이 국만봉을 0.3km 가리킨다. 능선

끝에 국망봉이 보인다. 오전 9시 30분 국만봉 정상에 도착해 편한 휴식을 취하며 정상석 앞에서 인증 샷! 아들 성재가 바위에 올라가 나름 멋진 포즈를 취하고 있는 모습을 카메라에 담았다.

오늘 날씨는 춥지도 않고 바람도 없다. 휴식을 뒤로하고 상월봉으로 걸음을 옮겼다. 국립공원에 걸맞게 이정목들이 잘 정돈되어 있다. 어느덧 안내 표지목이 상월봉을 지나 늦은맥이재 1.0km를 가리킨다. 오전 9시 57분 산행 7시간째다. 편안히 걷고 있지만 한편 이해영 님은 자신과의 싸움을 하고 있다. 어느덧 탐방로 안내 표지판에 늦은맥이재라 가리킨다. 그 옆으로 넓은 평상이 눈에 띄었다.

평상에 나란히 앉아 인증 샷! 안내 표지목이 목적지 고치령까지 9.0km 남았다고 알린다. 우린 잠시 휴식을 취하고 연화동 갈림길(이정표) 3.1km(1시간 10분 소요 예정)로 향했다. 이곳부터 조망은 없지만 수북이 쌓인 낙엽과 그리고 파란 물감을 뿌려 놓은 듯 청명한 하늘, 산행 길목마다 계절의 색깔이 묻어 있는 길을 우린 걷고 또 걸었다. 연화동 갈림길 중간쯤 헬기장이 나오고 헬기장에서 배낭을 풀어놓고 충분한 휴식을 취했다. 휴식과 커피 한 잔이 산행에 지친 몸에 피로를 풀어 준다. 오전 11시, 연화동 삼거리까지 약간 내리막길이 편안했다. 어느새 연화동 삼거리에 도착, 안내 표지판과 잠시 눈만 마주치고 고치령으로 향했다. 1,031.6봉을 지나 발길이 멈춰 선 곳은 마당치다. 12시가 훌쩍 넘어 오후 1시 5분이다. 아침 식사를 휴게소에서 하고 산행 중에 간식으로 요기(療飢)는 했지만 점심때쯤 되니 허기가 진다.

오늘 점심 메뉴는 불고기 볶음짬뽕덮밥이다. 이해영 님이 새로 장만한 쉘터를 시범 삼아 사용했다. 우린 옹기종기 모여 맛있는 '불볶음짬덮'으로 장거리에 지친 몸을 충전 시간으로 삼았다.

오후 1시 56분 1시간째 걷는 중이다. 형제봉 갈림길과 고치령까지 약 2.7km 남았다. 마당치부터 형제봉 갈림길까지 약간 오르막에서 마지막 내리막길이다. 낙엽이 수북이 쌓여 있어 내려가는 데 특별히 무리는 없었다. 30분쯤 하산하던 중 "모두들 뒤를 보세요"라고 외쳤다. 나란히 서 있는 모습을 카메라에 담았다. 선두에 이혜련, 이성재, 최미란, 김호연, 이태웅 님 줄곧 열을 맞춰 나란히 하산 중에 날머리 고치령이 다가오지만 이해영 님이 보이질 않았다. 안내 표지목이 0.7km 고치령을 가리킨다. 오후 3시 날머리 고치령에 도착했다. 조금 뒤 김호연 님이 보인다. 그 뒤로 이해영 님도 도착하면서 모두가 무사히 완주에 성공했다.

아픈 다리를 이끌고 장거리 산행 길을 자신과의 싸움에 혼신의 힘을 발휘한 이해영 님에게 응원을 보냈다. 그리고 이해영 님은 웃음을 잃지 않고 밝은 웃음으로 화답했다.

고치령 표지석이 이색적이다. 단체로 인증 샷! 아들 성재와 나란히 인증 샷! 25.16km에 12시간가량 소요된 이번 소백산 대간길도 오랫동안 추억에 남을 듯싶다.

소백산 등반에 아들 성재를 통해 더욱더 값지고 즐거운 추억을 만들어 준 이해영 님께 진심으로 감사드립니다.

24구간

(2015.12.05.)

소백산의 여운이 아직도 생생하다. 소백산 등반을 끝으로 올해 마지막 백두대간 산행이라 생각했지만 다행히 빗나갔다. 하얀 세상을 보기 위해 우린 출발했다. GPS상 누적 구간 447.047km.

백두대간 24구간, 고치령~생달마을까지 14.70km를 이해영, 이태웅, 김호연, 최미란, 이혜련 님과 함께 6인은 밤 12시에 만나 들머리 고치령으로 향했다.

고치령~877봉~미내치(830.5m)~1096.8봉(헬기장)~마구령~1057봉~934봉~갈곳산(966m)~늦은목이~생달마을까지다.

오늘은 겨울 산행이라 구간거리를 짧게 잡고 복장도 겨울 산행 준비를 단단히 하고 새벽 4시 50분 고치령에 도착했다. 날씨가 영하로 떨어지면서 고치령까지 가는 길은 험난했다. 고치령으로 향하는 중 도로가 빙판길로 더 진입을 못하고 적당한 곳에 주차를 한 후 국도를 따라 고치령까지 약 1km를 도보로 움직여 들머리 고치령에 도착했다.

마구령으로 향했다. 가급적 마구령까지 최대한 근접해야 했다. 조

금만 더! 조금만 더! 우린 지금 걷고 있는 것이 아니다. 차량에게 함께 응원 중이다. 결국 1km 남짓 남기고 차량을 멈춰 세웠다. 이 정도면 만족이자 성공이다.

  2주 전만 해도 낙엽으로 수북이 쌓여 있던 이곳에서 아들과 함께 추억의 인증 샷을 찍었던 고치령엔 제법 눈이 많이 쌓여 있었다. 안내 표지석에서 인증 샷을 찍고 마구령 8.0km로 향했다. 주변은 고요하고 눈발이 약간 날렸다. 헤드 랜턴 불빛이 수북이 쌓여 있는 하얀 눈을 비출 때만 해도 앞으로 벌어질 상황을 우린 예상하지 못했다.

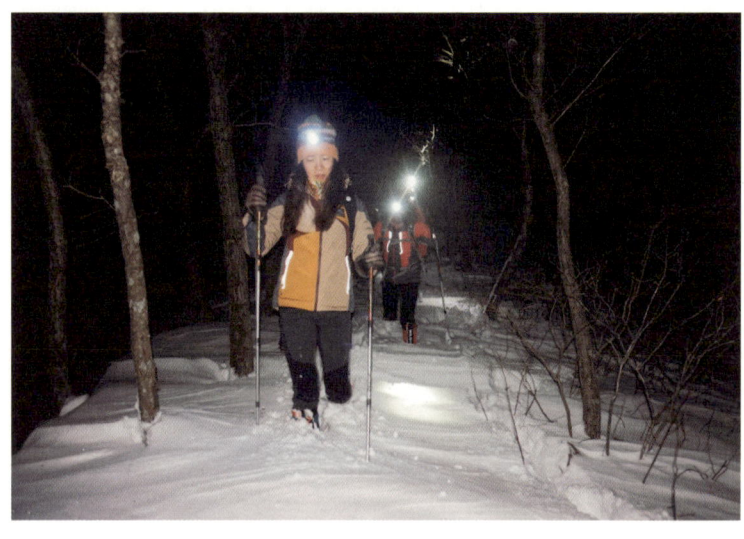

  등산로 입구부터 급경사! 스패츠도 없이 이해영 님이 선두에서 수북이 쌓여 있는 하얀 눈을 헤쳐 가며 안내를 했다. 우린 아랑곳없이

뒤따라갔다. 올 겨울 처음으로 발끝에 전해 오는 하얀 눈의 느낌은 참 좋다.

표지목이 마구령 7.5km를 가리킨다. 30분 동안 0.5km 왔다. 수북이 쌓인 눈길을 걷는다. 한 시간가량 무릎까지 빠져가며 눈길을 걷고 있다. 2km쯤 왔거니 생각했지만 1km도 채 못 왔다. 속도가 무척 더디다. 새벽 5시 44분 선두에서 잠시 멈춰 섰다.

이해영 님이 랜턴을 비추며 길을 찾는다. 사방이 눈으로 덮여 있어 길을 찾기가 좀처럼 어렵다. 겨울 산행은 특히 등산로를 이탈할 경우 심각한 신변에 위험이 따르기 때문에 선두는 신경을 곤두세워 가며 우리들을 안내했다.

이태웅 님이 이쪽인 것 같아요 외쳤다. 모두들 직진 경사진 능선을 따라갔다. 와~우, 허벅지까지 빠졌다. 도착한 곳은 헬기장인 듯 보였다. 바람의 영향으로 한 곳에 눈 언덕이 만들어져 있고 우린 어린아이처럼 신나있다.

헬기장에서 잠시 휴식을 취하고 마구령을 향해 출발했다. 내려가는 길이다. 선두에서 줄곧 눈길을 헤쳐 주던 이해영 님과 교대로 이태웅 님이 러셀을 해 주고 두 여성분을 위해 사뿐히 밟고 가라고 무릎까지 온 눈을 깔끔하게 치워 비단길로 만들어 주었다. 배려에 감동했다. 진행할수록 눈은 많이 쌓여 있고 헤쳐 가기도 힘겨웠다. 새벽 6시 30분 안내 표지목이 마구령 6.5km를 가리킨다. 약 2시간 동안 1.5km 왔다. 이곳에서 원 없이 눈과 한판 씨름을 하고 있다.

주변은 나무로 가려져 조망은 없고 오로지 하얀 눈을 밟으며 속도를 내 본다.

동이 트고 산하는 더욱더 하얀 세상이 된다. 순백의 눈을 배경으로 서로서로 인증 샷! 얼굴에는 미소를 띤다. 하얀 눈처럼 모두들 미소가 아름답다.

오전 9시 13분 1,096.6봉에서 마구령까지 약 1.8km 내리막길이다. 수북이 쌓인 눈을 밀치며 내려가는 발길은 모두가 가벼워 보이고 얼굴에는 웃음이 가시질 않는다. 가는 길목마다 순백의 눈꽃이 우리들 눈과 마음을 즐겁게 해 주고 있었다. 산행 5시간째 아침을 먹기 위해 장소를 찾았다. 안내 표지목이 마구령 1km 남겨 두고 이곳에서 아침 장소로 택했다.

의자가 없다. 눈밭에 앉아서 식사를 못 한다는 말에 이번엔 이해영 님이 주변에 쓰러져 있는 나무를 가져와 임시 의자를 대신해 주었다. 배려하는 마음 씀씀이에 감사했다.

눈을 대충 치우고 나무의자와 쉘터를 이용해 옹기종기 모여 어묵탕에 우동사리로 꿀맛 같은 아침 식사를 했다.

어묵 맛은 일품이다. 그리고 어묵 국물은 더욱 일품이다. 쉘터 덕분에 추위도 막아 주고 어묵탕 맛도 한결 도움을 주었다. 산행 시간

이 많이 지체되어 걱정했지만 지금은 시간에 여유가 생겨 한껏 휴식 시간은 길어졌다.

꿀맛 같은 식사를 하고 마구령을 향해 출발했다. 식사 후 8km를 걸어 오전 10시 35분 마구령에 도착했다. 표지석에서 모두 함께 인증 샷! 지금까지는 얼굴에 여유로움이 묻어 있다. 하지만 '겨울 산행은 겨울 산행이다.' 쉽지만은 않다. 생달마을까지 6.8km 남았다. 구간거리 반을 조금 넘게 왔다. 앞으로 가야 할 1057봉까지 1.8km가 경사로 이루어져 있다.

돌계단을 지나 10여분 도착한 곳 894봉 헬기장이다. 점~점 체력이 떨어지면서 힘들어진다. 갈대 너머로 보이는 능선이 1058봉. 목적지가 가까워지고 있다.

오전 11시 25분 언제부터인가 이해영 님이 힘겨워 보인다. 초반에 선두에서 눈을 헤쳐 가며 진행할 때 고관절에 무리가 와 통증이 온 듯싶다. 그래도 얼굴 표정에는 미소를 머금고 있다. 안내 표지목이 늦은목이 5.4km를 가리킨다. 휴식 시간이 늘어나고 쉬는 횟수도 늘어난다. 이혜련 님도 오늘 산행에 힘겨워 하는 모습이 보인다.

이혜련 님이 하얀 눈밭에 누워 휴식을 취한다. 이런 경우 처음이다. 어찌된 일인지 모르겠다. 우리의 에이스 이혜련 선수! 파이팅~!!

0.5km씩 안내 표지목이 목적지를 가리킨다. 안내 표지목은 늦은목이 4.9km, 오늘은 최미란 님이 힘든 기색 없이 잘 가고 누누이 발전하는 모습이다. 이혜련 님 뒤를 항시 따라갔는데 오늘은 선두를 내주질 않는다. 오늘은 예전의 집사람이 아닌 듯싶다. 낮 12시 23분 1057봉을 지나서부터 내리막길이다. 늦은목이까지 거리는 좀처럼 좁혀지지가 않는 느낌이다. 남은 거리 3.4km, 지루하고 힘든 시간이다.

하얀 눈밭에 누워 휴식을 취한다. 부담이 없다. 힘들어도 언제 이런 하얀 눈밭에 누울 기회가 또 있겠는가? 이런 것이 추억이자 행복이 아닐까 생각한다.

오후 1시 26분 안내 표지목이 늦은목이까지 2.4km를 가리킨다. 0.5km 거리가 길게만 느껴진다. 눈길을 힘들게 걸어 갈곳산(966m) 정상에 도착했다. 앞으로 늦은목이까지 1.0km 남았다.

이젠 하얀 눈밭에 자동으로 주저앉아 휴식을 취한다. 잠시 내리막 길을 지나면 늦은목이다. 모두들 다 왔어요, 힘들 내요~~

내려갈 때마다 아이젠에 눈이 달라붙어 다리가 무겁고 눈을 털어 낼 때도 힘겹다. 몇 번이나 눈길에 부담 없이 넘어졌다. 오후 2시 37분 생달마을까지 1km 남고, 차량이 주차되어 있는 곳까지 1km 남았다. 어느새 선두에 이태웅 님이 보이질 않았다. 그 뒤로 최미란, 이혜련 님 그리고 김호연 님이 그 뒤를 따라갔다. 생달마을로 향하는 길은 수북이 쌓여 있는 눈과 목재 계단, 푸르고 곧게 뻗어 있는 잣나무, 맑은 물이 흐르는 개울의 모습은 운치가 있어 보였다.

운치를 느낄 겨를도 잠시 최미란 님이 아이젠에 걸려 앞으로 코를 박고 말았다. 그 순간 난 놀라 뒤로 넘어가는 줄만 알았다. 다행히 얼굴은 무사했고 가슴에 타박상만 입어서 그나마 천만다행이다.

언제나 마지막까지 조심하고 조심해야 했었다. 오후 3시 6분 날머리 생달마을에 도착했다. 14.7km를 12시간을 걸어왔다. 등로길에 눈이 많이 쌓여 예상 시간을 훌쩍 넘어 도착했다. 최미란 님이 마지막에 넘어져 옥의 티로 남았지만 눈길에 큰 사고 없이 모두가 완주했고 즐겁고 행복한 눈길 산행이었다.

25구간

(2015.12.19.)

2015년 12월 마지막 백두대간 산행이다. 눈 덮인 하얀 세상은 좋다. 강추위도 좋다. 강추위와 눈길, 빙판길이라 안전사고 없이 무사하게 완주할 수 있길 바라는 마음으로 출발했다. GPS상 누적 구간 466.167km.

백두대간 25구간, 생달마을~도래기재까지 15.12km 겨울 산행이다. 이해영, 이태웅, 김호연, 최미란, 이혜련 님과 함께 6인은 새벽 2시 생달마을로 향했다. 생달마을~늦은목이~선달산(1,239m)~박달령~987봉~주실령갈림길~옥돌봉(1,244m)~도래기재까지다.

오늘은 비교적 구간거리가 짧다. 지난 구간 거리가 17km, 모두가 눈길 산행에 힘들어했던 기억이 생각났다. 25구간 오늘 산행의 들머리 생달마을에 새벽 4시에 도착하니 예상과 달리 날씨가 포근했던지 눈은 다 녹아 보이지 않고 도로 옆으로 낙엽만 수북이 쌓여 있었다. 랜턴 불빛을 밝히며 늦은목이로 발길을 옮겼다. 지난 구간 때 고생했던 기억을 잠시 생각하며 고요한 새벽길을 헤쳐 갔다.

생달마을에서 늦은목이까지 고생했던 기억이 잠시 머리를 휙~ 스쳐 가고⋯⋯ 늦은목이 안내 표지목에 도착. 초반부터 선달산까지 500m 꾸준한 경사 길로 이루어져 있다. 그래도 우리는 간다. 선달산아~ 기다려라~~

수북이 쌓인 눈은 온데간데없고 30분가량 걷다 보니 표지목이 선달산 1.9km를 가리킨다. 날씨가 그다지 춥지는 않고 잠시 휴식을 취하며 겉옷을 벗고 장비를 재정비하고 선달산(1시간 20분 소요 예정)을 향해 출발했다. 경사 구간으로 올라가는 길이 힘겹다. 주변은 어두워 오로지 랜턴 불빛만 바라보며 걷다 보니 낮보다는 힘든 건 훨씬 덜하다.

우리 멤버 중 언제부터 에이스로 떠오른 별~ 오늘 최미란 님이 유독 힘겨워한다. 다리보다 더 무거운 건 눈꺼풀이다. 쉴 때마다 '아~ 졸려'를 연신 입에 달고 있다.

새벽 5시 43분 갈림길에서 잠시 멈춰 섰다. 안내 표지목이 선달산을 왼쪽 방향을 가리킨다. 새벽 6시 선달산(1,239m) 안내 표지석 앞에 도착했다. 겨울 산행은 추위로 오래 쉴 수가 없다. 2~3분 휴식도 길다. 잠시 숨 고르기만 하고 박달령 5.1km(2시간 25분 소요 예정)를 향해 출발했다. 박달령까지 가는 길은 어렵지는 않았다. 20여 분 가다 보니 암릉길이 보였다. 오랜만에 만나보는 암릉길이다. 우측 사면 길을 지나갈 무렵 능선바람이 세차게 불어오고 안내 표지목이 박달령 3.9km 남았다는 안내, 오른쪽 능선으로 붉게 타오르는 듯한 여명이 밝아 오는 모습을 나뭇가지 사이로 바라본다. 급경사 길은 아니지만 아이젠을 착용해도 바닥이 미끄러워 걷기가 버겁다.

이혜련 님이 아이젠 착용 거부 시위를 했다. 그것도 그럴 것이 전 구간 때 유독 아이젠을 착용하면서부터 힘겨워하는 모습을 봤다. 그래도 우리 멤버 중 에이스로 인정!

곳곳에 눈과 빙판길이라 조심해야 했다. 언제 보아도 여명이 밝아 오는 모습은 장소를 불문하고 멋지다. 날이 밝아 오면서 랜턴을 끄고 박달령으로 향했다. 무박산행은 밀려오는 졸음과 피곤함이 우리를 더 지치게 하지만 아침이 밝아 올 때쯤 무거웠던 눈꺼풀을 깨어 나게 하는 힘이 있다. 오전 7시 11분 잠시 휴식을 취하고 이어지는 산행 길, 선두에 이해영 님 그 뒤로 우리 멤버의 홍일점 에이스 이혜련, 최미란 님까지 아직은 모두가 여유만만하다. 오전 8시 13분 산봉우리를 몇 번을 오르고 내리고를 반복하고 나니 박달령 1.4km 남았다는 안내 표지목을 지나 박달령으로 힘차게 발길을 옮겼다. 어느덧 멋스럽게 다가온 겨울 억새와 아침 햇살이 살포시 내리비치는 모습을 보며 오전 8시 40분 박달령에 도착했다. 헬기장을 지나 국도 맞은편 산신각 앞에 백두대간 박달령이라 쓰여 있는 커다란 표지석이 한눈에 내려다보인다.

최미란 님이 돌계단을 내려갈 쯤 인증 샷! 예쁜~ 척하는 모습을 카메라에 담았다.

아침 식사는 이곳 산신각에서 하기로 했다. 아침 메뉴는 이혜련 님이 준비해 온 부대찌개, 쉴 자리도 안성맞춤이었다. 쉘터를 펼쳐 찬바람을 막고 체온을 유지하는 것이 급선무다. 몸도 따뜻해야 부대찌개도 더욱더 맛있다. 언제부터인가 쉴 때는 확실히 쉰다. 따뜻한 국물을 먹고 나니 든든했다. 휴식과 식사 시간으로 1시간 30분가량 머물다 오전 10시 15분 다음 목적지로 산행을 이어 갔다.

새벽에는 나뭇가지에 하얀 상고대를 보면서 걸어왔는데 아침 해가 뜨면서 지금은 따스한 햇살로 눈도 녹고 빙판길도 없다. 한동안 걷기에 좋은 길이 이어지고 낙엽이 수북이 쌓인길이 편안함을 더해준다. 옥돌봉까지 거리는 짧지만 된오름길에 난코스다.

저 멀리 능선 넘어로 옥돌봉과 문수산이 보인다. 주실령갈림길에 도착하니 안내 표지목이 좌측으로 옥돌봉 0.28km, 방향을 가리킨다.

10분가량 걷다 보니 찬란한 햇빛을 등지고 옥돌봉에 도착. 이혜련 님과 최미란 님이 정상석 사이로 행복한 도전 플래카드를 치켜들고 환하게 미소를 짓는 모습을 보면서 고단함을 잠시 잊는다.
단체 인증 샷에는 사진을 찍기만 해 주는 이해영 님이 빠져 있다. 번갈아 찍었으면 좋으련만 그렇지 못해 미안한 마음도 들었다.
오전 11시 38분 앞으로 날머리 도래기재까지는 약 3km, 500m 가량이 비탈진 내리막 경사 길로 이루어져 있다. 날씨가 포근해 하산 길 내내 덥게 느껴졌다. 오늘 산행 날머리로 향하는 발걸음은 가볍다. 목재 계단을 내려오면서 백두대간 25구간을 마무리했다.

15km를 9시간을 소요하여 오후 12시 48분 도래기재에 도착했다. 추운 백두대간 겨울 산행 길을 사고 없이 즐겁게 산행을 마무리하게 되어 행복했다.

태백산

26구간

(2016.01.01.)

 태백산! 높이 1,567m 설악산, 오대산, 함백산 등과 함께 태백산맥의 '영산'으로 불리고, 주목나무 군락지와 6월의 철쭉, 설경이 아름다워 겨울 산행에 최적지로 유명한 태백산! 마음을 설레게 한다. GPS상 누적 구간 490.497km.

 1월 1일 새로운 한 해를 시작하면서 천재단이 있는 태백산으로 향한다. 백두대간 26구간, 도리기재~화방재까지 24.33km를 이해영, 이태웅, 김호연, 최미란, 이혜련 님과 또 김호연 님의 친구 곽현기 님이 일일 멤버로 합류했다. 2015년의 마지막 해에 백두대간길은 의미 있는 산행이라 생각했다. 멤버들과 함께 7인은 밤 11시 도리기재로 향했다. 이번 구간은 거리도 길고 코스 또한 난코스라 생각되어 좀 더 일찍 출발했다.

 도래기재~구룡산(1,345.7m)~고직령~곰넘이재~신선봉~차돌배기~사거리안부~깃대배기봉~1461봉~부소봉(1,546.5m)~태백산(천제단1,567m)~유일사갈림길~매표소~화방재까지. 새벽 2시 22분 들머리 도리기재에 도착하니 바닥에는 눈이 살짝 덮여있고 우리는 헤드 랜턴의 불빛을 비춰 가며 산행 준비를 하고 구룡산

가는 길목에서 단체 인증 샷으로 새벽 산행을 시작했다. 구룡산까지 5.4km(2시간 40분 소요 예정) 꾸준히 올라야 하는 경사지와 막판 0.7km 남짓 300m는 일명 '깔딱고개'를 올라가야 했다.

구룡산으로 향했다. 초반부터 큰 무리 없는 구간을 적응하며 새벽 공기를 가르며 올라간다. 이해영 님이 선두에서 인솔하고 후미는 내가 지킨다. 중간에 곽현기 님이 자리를 잡고 갔다. 랜턴을 비춰 가며 우리 멤버들의 모습을 멋지게 남기기 위해 분주했다.

가지런히 설치되어 있는 목재 계단에 첫발을 딛고 헤드 랜턴의 빛을 따라 걷는다. 주변은 어둠으로 고요하다. 처음부터 체력 안배를 잘해야 날머리까지 큰 무리 없이 컨디션 조절을 할 수 있다. 1시간 쯤 걸었을까? 캄캄한 하늘을 올려다보며 반짝이는 별들을 감상하고 잠시 몸과 마음의 휴식을 취한 후 구룡산을 향해 다시 출발했다.

흰 눈은 붉은 낙엽을 다 덮진 못했다. 날씨가 제법 춥다. 최미란 님의 모자 밖으로 나와 있는 머리카락이 성에로 마치 백발노인처럼 되어 있다.

새벽 3시 53분 잠시 휴식을 취하는 가운데 이태웅 님이 따뜻한 커피 한 잔을 권한다. 옹기종기 모여 여유로운 커피 한 잔에 잠시 추운 몸을 녹이며 고개를 들어 캄캄한 새벽하늘을 바라보니 나뭇가지 사이로 비치는 휘황찬란한 둥근 달이 마치 미소를 지은 듯 우릴 반기는 듯했다. 어느새 최미란 님 뒤편에 자연스럽게 자리하고 있다. 김호연 님 고향 친구인 곽현기 님도 지친 기색 없이 잘 적응하고 있다. 반면 김호연 님은 휴식 시간 자리에 덥석 주저앉은 광경이 자주 눈에 띈다. 서로들 휴식의 방법이 다르다.

우린 그렇게 맞난 휴식을 뒤로하고 다음 목적지를 향해 출발했다.

이곳부터 구룡산(1,345.7m)까지 급경사다. 무려 370m를 올라가야 한다. 보통 밝은 날에 올라가면 더 힘든 코스였을 것이다. 하지만 깜깜한 새벽에 가다 보면 덜 힘들다. 즉 아무 생각이 없다는 것이다.

2시간 30분을 걸어 새벽 5시 7분 드디어 구룡산 정상에 도착했다. 언제나 그렇듯이 조금 전에 시작했건만 벌써 5.4km를 왔다. 눈 깜빡할 사이다. 안내 표지목에 태백산 14.2km가 오른쪽을 가리킨다. 주변은 어둡고 조망은 볼 수 없지만 날이 밝아오면 또 다른 분위기가 우리를 반길 것이라 기대한다. "태백산 정상"을 향해 힘을 낸다. 새벽 5시 7분 구룡산 정상에 도착하니 제법 눈이 쌓여 있다. 10분간 휴식과 간식으로 체력 보충도 하고 인증 샷도 찍으면서 하늘을 바라보며 생각에 잠시 잠기기도 한다.

이곳부터 고직령까지 내리막길이다. 내려가는 길은 큰 어려움은 없다. 단 어려움이 있다면 졸음과의 싸움이다. 최미란 님이 졸린 듯 소나무에 머리를 기대고 잠시 쉰다.

새벽 5시 56분 곰넘이재를 향해 발길을 옮겼다. 눈 덮인 등로길을 지나 어느덧 곰넘이재를 통과하여 발길은 신선봉을 향해 가고 있다. 오전 6시 50분 저 멀리 능선에 붉은 일출이 아름답게 솟아오르고 있었다. 바람을 피해 주 능선 길을 벗어나 잠시 휴식을 취했다.

신선봉이 가장 높다. 신선봉에서 '해돋이를 볼 수 있겠지'라고 생각하고 신선봉을 향해 출발했다. 오전 7시 30분경 새벽은 밝았다.

신선봉이란 표지석은 없었다. 다만 세찬 바람에 날리고 있는 산악회 시그널리본과 나뭇가지에 위치를 알리는 널빤지가 끼워져 있다.

탁 트인 조망은 없지만 이곳에서 일출을 보기로 하고 쉘터로 바람을 막고 자리를 준비했다.

바람막이는 쉘터가 제격이다. 따뜻한 커피 한 잔의 여유로움을 즐기기 위해⋯⋯ 그리고 일출을 보기 위해 쉘터 안에서 기다렸다. 이태웅 님이 쉘터 밖에서 해가 뜬다고 얘기했던 모양이다. 몇 분 사이로 일출은 벌써 찬란하게 뜨고 있었다.

충분한 휴식을 취하고 오전 8시 차돌배기를 향해 출발했다. 누적 구간 10.4km 약 5시간 30분째 산행 중이다. 사거리안부까지는 편안한 능선 길을 어려움 없이 따라가면 된다. 선두는 '전과 동일'. 내 뒤편으로 곽현기 님이 무리 없이 따라온다. 벌써 아침 해는 중턱에 걸려 있고 햇빛을 받으며 능선 길을 걷는다. 오전 8시 53분 차돌배기에 도착했다. 아침 햇살을 바라보며 인증 샷과 함께 잠시 휴식을 취했다. 오늘 산행 중반쯤 온 것 같다. 잠시 휴식을 취한 뒤 다음 목적지 사거리안부까지 1.9km(1시간 소요 예정)로 향했다.

우측 사면 길을 걷는다. 능선이 맞바람을 막아 주고는 있지만 천고지가 넘는 산이라 두툼한 장갑을 끼어도 손끝이 시렵다.

바닥에 수북이 쌓여 있는 눈을 밟고 어느 땐 수북이 쌓여 있는 겨울 낙엽을 밟고 간다. 오전 9시 45분 사거리안부 도착 조금 전 바람을 피할 수 있는 적당한 자리를 찾아 아침 식사를 하기로 했다.

식사할 자리에 눈을 치우고 그 자리에 쉘터를 친 후 추위를 피해 쉘터 안으로 들어가 자리를 잡고 식사 준비를 했다.

오늘 아침 메뉴는? 2016년 1월 1일 새해를 맞이해 떡국을 준비했다. 국물까지 깨끗이 비웠다. 모두들 맛있게 식사를 마치고 즐거운 대화 속에 충분한 휴식을 취했다.

출발 시간 오전 10시 58분 무려 1시간 동안 편안한 휴식과 든든한 아침 식사를 마치고 다음 목적지를 향해 출발했다. 내리막길에는 눈이 쌓여 있어 미끄럽다. 등로길 양옆에는 파릇한 산죽들이 추운 겨울을 이겨 내고 있다. 깃대배기봉까지는 1.5km(50분 소요 예정) 약 300m가량이 된 오름길이다. 속도 조절을 하면서 걸어도 숨이 가쁘다. 목재 계단 길이 나오고 눈에 덮여 계단이 분간하기 어렵다. 낮 12시 05분 깃대배기봉(1,370m) 정상에 도착했다.

깃대배기봉 정상석(1,368m)에서 단체, 둘이, 혼자 각각 인증 샷! 단체 사진에 모처럼 이해영 님도 함께했다.

이곳은 정상석이 두 개다. 인증 샷을 찍고 조금 발길을 옮기니 또 깃대배기봉 정상석이 보인다. 두 번째 정상석에 1,368m로 새겨져 있다. 조금 전 것보다 2m 더 낮다. 이곳에서 두리봉 가는 길이 갈라

지며, 안내 표지목에는 왼쪽으로 무쇠봉 3.26km를 가리킨다.

현재 누적 거리 15.7km, 한 걸음 더 태백산(천제단)에 다가가고 있다.

가는 길에는 눈이 발목까지 쌓여 있고 바닥은 하얗고 하늘은 파랬다.
1시간 정도 걸었을 쯤 잠시 눈밭에 앉아 각자 편안한 자세로 쉬고 있다. 포즈는 다양하게…… 오후 1시 29분 1461봉을 지나 발길은 무소봉으로 향해 가고 있었다.

이태웅 님이 좌측으로 가면 지름길입니다. 그러나 정석을 선택했다. 우측부소봉으로 향하여~~
좌측으로 태백산 능선이 보이고 파란 하늘 그리고 붐비는 인파들이 시야 멀리 점처럼 보인다. 주변의 나무가 멋져 그냥 지나가지 않았다. 이혜련 님 먼저 찰칵~ 최미란 님 찰칵~ 하는 동안 나무 그림자가 점점 길어진다. 오후 1시 40분 부소봉에 도착했다. 햇볕은 따스하고 파란 하늘이 쾌청하다. 천제단까지 0.8km를 가리킨다. 몇 발자국 옮겼는데 탁 트인 조망이 한눈에 들어오고 사방으로 굽이굽이 펼쳐진 능선과 능선들이 마음을 즐겁게 했다.

갑판으로 만들어진 전망대에서 멋스런 표정과 포즈로 인증 샷! 난 그렇게 펼쳐진 그림을 사진에 담기 위해 연신 셔터를 누르며 진행하며, 헬기장에 도착했다. 아름답고 멋진 광경들을 연신 파노라마 사진을 찍어 댔다. 몇 분을 그랬을까? 선두와 거리가 멀어져 천제단으로 발길을 급히 서둘렀다. 발길을 옮길 때마다 시야에 능선의 모습이 멋지게 다가와 지나칠 수가 없었다. 불과 몇 분 사이 선두와 거리가 너무 멀리 떨어져 있었다.

드디어 선두 그룹과 상봉했다. 그리고 태백산 주목나무와의 만남. 최미란 님과 손을 잡고 천년 주목나무 앞에서 인증 샷!

현재 산행 시간 10시간째다. 드디어 천제단이 바로 눈앞에 보인다. 어느새 이해영 님은 천제단에 먼저 와 기다리고 있다. 일행들 또한 다 모여 있는 모습이 보인다. 태백산 정상에는 등산객들로 북적거리고 사진을 찍기 위해 많은 사람들이 줄을 서서 기다리고 있다.

우리는 인증 샷은 엄두가 나지 않아 태백산 정상석을 뒤로 보이도록 인증 샷을 대신했다. 태백산에 불어오는 칼바람과 장시간 산행으로 지쳐 있어 오랜 시간 머물 수 없어 장군봉(1,567m)으로 발길을 옮겼다.

태백산의 최고봉 장군봉 정상석을 지나 장군단 배경으로 각자 멋진 포즈로 태백산의 정기와 경치를 만끽했다.

 태백산의 멋스런 경치를 뒤로하고 오후 2시 26분경 우린 하산을 위해 모였다. 정상 바닥엔 눈이 하나도 없다. 선두엔 이해영, 이혜련, 최미란, 김호연, 이태웅, 곽현기 님 순으로 뒤를 따라갔다. 내려가는 길목 곳곳에 주목군락지가 있다. 여지없이 최미란 님과 이혜련 님의 인증 샷은 기본이다. 하산 길엔 눈과 얼음길이라 미끄럽다. 화방재까지 600m가량 급경사 내리막 구간이다.

 천제단에서 0.7km쯤 하산할 쯤 안내 표지목이 유일사 매표소 3.3km를 가리킨다. 후미에서 따라오고 있는 일행들까지 인증 샷을 찍어 주고 하산을 서둘렀다. 선두는 어느새 보이질 않았다. 무척 빠르다. 10분쯤 내려갔다. 선두는 벌써 주목나무 아래 눈 덮인 데크에서 먼저 휴식을 취하고 있다. 휴식하는 동안에는 함께 모인다. 그리고 하산 길을 서두른다. 선두가 바뀐다. 곽현기 님이 선두에 그리고 나머지는 그 전과 동일, 이 무렵부터 유일사 갈림길부터 곽현기, 이태웅, 김호연 님과 이산가족이 되고 말았다.

 이분들은 화방재로 하산하고 우린 유일사 매표소로 하산하고 있었다. 하산하는 거리는 비슷했다. 날머리까지 얼마 남지 않았다. 몸도 지치고 아이젠을 하고 돌밭을 걷다 보니 무척 힘이 들어 아이젠을 풀어 양손으로 들고 뚜벅뚜벅 걸었다. 하지만 최미란 님과 이혜련 님은 한참 앞서 둘이 무엇이 그토록 재미있는지 웃으며 잘도 걸어 감탄하게 만들었다. 이해영 님도 시야에서 보이질 않는다. "할 수 없다." 이왕 늦은 것 뭉그적거리며 30~40분가량 힘들게 걷고 또 걸어 드디어 유일사 매표소 0.4km 안내 표지목이 보였다.

오후 3시 42분 유일사매표소 주차장에 도착했다. 화방재로 향한 일행들도 금방 합류하리라 생각하고 기다렸다. 하지만 올 기미가 보이지 않았다. 결국 추운 몸을 녹이고자 가게에 들어가 따뜻한 어묵과 국물을 먹고 나니 얼어 있던 몸이 풀리면서 피곤함이 물밀듯이 밀려왔다. 화방재로 향한 팀이 걱정돼 몇 번이나 통화를 한 후 2시간을 기다려 모두가 한자리에 모일 수 있었다.

보통은 처음과 마지막은 함께 만난다. 하지만 이번은 예외다. 13시간 30분가량 소요. 후미 팀은 15시간쯤 소요되었다. 다 함께 무사히 완주한 모두에게 박수를 보낸다.

27구간

(2016.06.11.)

　1월 1일에 26구간인 태백산 등반을 끝으로 개개인 업무들도 바쁘고 개인 사정들로 6개월가량 쉬었다. 백두대간 함백산구간을 갈 생각에 초등학교 시절 소풍 가기 전날 설레고 잠이 안 오던 시절이 문득 생각난다. 자연스럽게 입가에 미소와 함께 마음이 즐겁다. 하지만 주 멤버인 김호연 님이 허리부상(일명 허리디스크 수술)으로 참석 못해 아쉽다. 높이 1,572.3m의 함백산길! 이번 구간으로 500km를 통과한다. 그리고 마음도 들떠있다. GPS상 누적 구간 502.097km.

　백두대간 27구간, 화방재~두문동재(싸리재)까지 11.60km 비교적 짧은 등반 여정을 시작한다. 고정 멤버 김호연 님이 아쉽게 참석 못하고 이해영, 이태웅, 최미란, 이혜련 님과 함께 새벽 4시 30분 태백시 화방재로 향했다. 휴게소에서 간단하게 아침 식사를 하고 3시간을 이동해 오전 7시 30분 태백시 화방재에 도착했다.

　화방재~수리봉(1,214m)~만항재~함백산(1,572.3m)~중함백(1,505m)~은대봉(1,442.3m)~두문동재(싸리재)까지다.

　마음은 한가롭고 서두름도 필요 없다. 산행 준비를 하고 오전 7시

34분, 초가삼간 두 채 사이 백두대간길로 산행을 시작했다. 상쾌한 아침 바람의 향기가 코끝을 기분 좋게 한다. 수리봉까지 1.4km(45분 소요 예정), 파릇파릇한 풀잎 사이를 지날 때와 숲속 길을 지날 때 기분은 최고였다. 주변에 붉은 산딸기가 탐스럽게 익었다. 그냥 지나치기 아쉬워 몇 개 따 맛도 보면서 대간산행의 기분을 마음껏 누리며 올라갔다.

수리봉으로 향했다. 무더운 여름 날씨지만 이곳 태백은 등반하기 좋은 날씨다. 아침 공기를 가르며 올라간다. 초반부터 급경사다. 한 발 떼면 땀 한 방울, 두 발 떼면 땀 두 방울이 쉴 새 없이 바닥에 떨어진다.

선두에 이해영 님 그 뒤를 이혜련, 최미란, 이태웅 님이 따른다. 그리고 난 우리 동료들의 뒷모습을 카메라에 담으며 따라갔다.

30분 남짓 땀방울을 셀 수 없이 흘리고 나니 어느덧 수리봉 안내 표지석이 보인다. 힘들긴 하지만 서로들 입가엔 웃음꽃이 만발한다.
사진 찍기가 불편해 처음부터 스틱을 꺼내지 않고 출발했다. 시작부터 급경사 길을 올라갈 때면 숨도 가쁘고 온몸이 땀으로 범벅이 된다. 들꽃들이 잠시 발길을 멈추게 만든다. 30분가량을 걸어 오전 8시 6분 수리봉정상석 앞에 도착했다. 오늘은 시간이 여유로워 긴 시간 동안 휴식을 취한 후 만항재로 산행을 이어 갔다. 만항재까지 2.1km(1시간 소요 예정) 녹음이 울창한 숲속 길을 걷다 보니 마음도 힐링이 된다. 수풀과 숲속 길을 지나 왼편으로 공군군사 철조망 사이 길을 지날 무렵 시원한 바람이 불어와 강렬한 햇빛과 더위로 지쳐있는 몸에 마음속까지 시원하고 상쾌하게 해 주었다. 산행으로 지친 몸을 나무 그늘 진 곳에서 잠시 휴식을 취하고 만항재를 향해 출발하니 야생화 푯말이 나오고 야생화 축제 푯말도 보이고 "산상의 화원 만항재"가 시야에 들어왔다. 이곳은 정선군 고한읍 고한리와 태백시 혈동 사이에 있는 고개 만항재였다. 이곳에서 야생화 축제가 개최되었던 하늘숲 공원이 한눈에 들어왔다.

만항재 안내 표지석 앞에는 MTB산악자전거 회원들이 각자 개성 진 옷차림과 포즈로 서로들 연신 사진을 찍어 주고 있었다. 우리 시선들은 만항재표지석을 향해 있었다.

우린 기다렸다. 그냥 지나칠 수가 없다. 보고만 있어도 웃음이 나왔다. 우리 차례가 왔다. 단체로 인증 샷을 부탁했다.

첫 번째 이태웅 님과 내가 표지석 앞 전진 배치 그리고 표지석 뒤편으로 이해영 님 양쪽 사이에 두 분의 여성이 함께했다. 다시 한번 인증 샷! 두 번째는 이해영 님과 이태웅 님이 함께 전진 배치됐다. 긴 시간 동안 우리는 산행의 즐거움으로 많이 웃으며, 사진을 찍고 휴식을 취한 후 함백산을 향해 출발했다.

경사진 아스팔트 길을 조금 따라 내려가니 건너편에 커다란 공터가 나오고 우측으로 백두대간 방향을 알리는 시그널리본들이 주렁

주렁 매달려 있었다. 돌계단에서 잠시 멈춰 단체 인증 샷만 찍고 오전 9시 30분 다음 구간 함백산으로 산행을 이어갔다. 등로길은 굽이굽이 흙길로 이어지고 조망은 없지만 비단 같이 멋진 길이 발길을 편하게 만들어 주었다. 충청도 구간은 진행하는 길마다 온통 암릉 구간이었다면 강원도로 들어서면서 산들은 크고 숲은 울창해 한낮이 되어도 햇빛 보기도 어려운 구간들이 많이 나오고 있었다.

인증 샷 찍겠습니다~ 자동으로 자연스럽게 일렬로 서서 단체로 인증 샷! 모두들 경험에서 나오는 자연스런 행동들이다.
 10여 분 가다 보니 함백산 기원단이 시야에 들어왔다. 나지막하게 석축 5단이 쌓여 있다. 측면이 보인다. 태백산 정상에 있는 재단은 왕이 재를 지냈던 기원단이면 이곳 재단은 일반국민들이 재를 지냈던 곳으로 태백산 기원단과 비교하면 초라하기 그지없었다.
 함백산 기원단 너머로 함백산 정상과 KBS 중계탑이 한눈에 들어왔다. 학수고대했던 그 이름 함백산! 두 번째 된오름길을 지나면 함백산 정상이다. 1시간가량을 가다 보니 돌계단이 시작되고 이곳부터 정상까지 1km가량은 급경사로 이루어져 있다.

첫 번째 돌계단을 만났다. 그리고 두 번째로 땀과 씨름하며 함백산 정상을 만나기 위해 힘을 내 본다. 일명 깔딱고개인 듯했다.
 땀을 흘린 만큼 성취도가 높다. 어느덧 함백산 정상과 한껏 가까워져 가고 있다. 함백산 정상 도착 전에 중턱에서 쉬어 가라는 듯

평지가 나왔다. 정상에 다가갈수록 바람은 시원하게 불어오고 탁 트인 조망으로 지친 몸에 보상을 받고 있다.

두 번째 돌계단을 만났다. 파란 하늘 사이로 흰 구름 그리고 함백산 정상의 석탑, 석탑을 둘러싸고 있는 커다란 바위들 파릇파릇한 풀들과 잎이 진 철쭉들 환상적인 조화를 하고 있다.

오전 10시 46분 함백산 정상에 도착했다. 정상석이 1,572.9m을 가리킨다. 정상 석탑에서 각자 인증 샷을 찍으며 마음껏 웃고 마음껏 즐기고 있는 모습에 행복함을 느낄 수 있었다.

이태웅 님에게 만세 포즈를 취하라 하니 잘 따라 한다. 이제는 오늘 구간 중 반을 넘게 왔다. 바람도 살랑살랑 부는 좋은 장소에서 충분한 휴식과 마음의 힐링을 하고 날머리 두문동재(싸리재)를 향해 출발했다. 내려가는 길은 목재 계단 길과 몇백 년 된 주목들도 보이고, 이어지는 숲길이 한 폭의 아름다운 그림이다.

앞으로 두문동재까지 5.2km, 중함백산을 지나면 힘든 구간은 없다.

주목나무 앞에서 인증 샷을 찍고 이곳에서 또 잠시 휴식도 취한 후 이어지는 산행 길은 이혜련 님이 선두에 그 뒤로 최미란, 이태웅 님이 천천히 함께 내려갔다. 깜빡할 사이 선두자가 백두대간 등산로를 이탈하고 말았다. 그나마 다행이다. '짧게 벗어나서' 잠시 한눈판 사이에 지나치고 말았던 것이다. 산행 길에 평상이 설치된 장소에 도착했다. 식사 장소로 정하고, 오늘 점심 메뉴는 간단한 컵라면을 준비했다. 이해영 님은 식사 대신 커피 한 잔으로 식사를 대신하고 한참 동안 세상에서 가장 행복하고 편한 휴식 시간을 가진 후 은대봉을 향해 오후 산행을 시작했다.

짧지만 세 번째로 땀과 씨름하며 중함백산에 도착했다. 목적지인 두문동재를 향해 "힐링 GO GO~~"

오후 12시 25분 중함백산에 도착해 이곳에서 잠시 휴식을 취했다. 안내 표지목이 은대봉 3.1km, 두문동재까지 4.0km를 가리킨다. 함백산이 미련이 남았던지 연신 뒤를 향해 정상 전경을 카메라에 담고 보니 최미란, 이혜련 님은 그사이 시야에서 보이질 않았다.

서둘러 따라가 보니 두 사람은 넓은 바위에서 휴식을 취하며 우릴 기다리고 있다.

이해영 님이 선두에서 속도 조절을 한다. 속도가 빨라진다. 제1쉼터에서 잠시 숨을 고른다. 잠시 뒤를 보세요. '일렬횡대' 자동 반사로 멋진 포즈로 인증 샷!

그 뒤로 줄곧 선두는 보이질 않았다. 이해영, 최미란, 이혜련 님은 벌써 두문동재에 도착해 여정을 풀고 있었다. 오늘 구간 6시간을 걸어 날머리 두문동재에 도착하니 오후 1시 45분이었다.

27구간 산행도 즐거운 마음으로 모두가 완주했다. 뒤풀이로 태백시에 도착해 이해영 님 선배분께 '물 닭갈비'를 대접받고 서울로 출발했다.

28구간
(2016.06.25.)

　지난 구간 멋지게 함백산을 보고 왔다. 백두대간을 향해 한 걸음 두 걸음씩 걸어 어느덧 500km를 넘어서 목적지 진부령에 다가가는 기분은 무엇으로 비교하겠는가? GPS상 누적 구간 518.397km.
　백두대간 28구간, 두문동재(싸리재)~건의령까지 16.30km 등반 여정을 시작한다. 지리산부터 함께했던 김호연 님은 결국 포기하고 말았다. 오늘은 오을섭 님이 모처럼 함께하고 박정민 님과 허성찬 님이 처음으로 백두대간길에 합류했다.
　고정 멤버 이해영, 이태웅, 최미란, 이혜련 님과 8인은 새벽 3시 두문동재로 향했다. 3시간을 달려 정선군 도계리에 오전 6시 20분에 도착하니 자욱한 아침 안개가 분위기를 더해 주고 있었다.
　오늘 구간은 두문동재~금대령(1,418.1m)~쑤아밭령~비단봉 (1,281m)~매봉산(천의봉: 1,303.1m)~피재~945봉~건의령까지 16.3km로 비교적 거리가 짧고 난이도가 없어 부담도 없다. 태백은 아침 공기가 아직은 써늘해 바람막이 겉옷을 챙겨 입고 각자 산행 준비 후 백두대간 두문동재 석탑 앞에서 단체 인증 샷으로 아침 산행을 시작했다.

금대봉으로 향하는 발길은 가볍다. 숲이 우거진 오솔길에다 낙엽이 쌓이고 쌓인 길 양쪽에는 파릇한 풀잎과 안개의 조화가 편안함과 운치를 더해 주었다. 초반부터 완만하고 편안했다. 야생 보고 지역답게 곳곳에 산나물들이 산적해 있다. 이 또한 대간길에서만 볼 수 있는 볼거리라 생각한다.

항시 이해영 님이 선두에서 길 안내 역할을 했는데 오늘 구간 선두에는 허성찬 님이 길을 안내했다. 그 뒤로 이혜련, 최미란, 이용주, 박정민, 오을섭, 이태웅, 제일 뒤편에 이해영 님이 후미를 지키며 금대봉으로 향했다.

1.2km, 25분 남짓 편안한 숲속 길을 걸어 어느덧 금대봉 표지석이 보인다. 인증 샷은 기본, 상쾌한 아침 공기처럼 마음도 상쾌하고 입가엔 미소들이 머문다.

온통 주변은 자욱한 안개에 싸여 있다. 숲속 나무 사이로 찬란한 아침 햇빛이 이 또한 아침 등반의 묘미인 듯싶다. 잠시 걸으며 워밍업을 하고 나니 굳었던 몸도 풀려 겉옷을 벗고 이어지는 산행 길에 앞서 걷고 있는 일행들 발걸음이 경쾌하고 가벼운 듯했다. 처음 합류한 박정민 님도 싱글벙글이다. 1시간 남짓 오솔길처럼 편한 숲길을 걸었다.

갑자기 탁 트인 정상? 비단봉(1,281m) 깜짝 놀랐다. '넓게' '멀리' 또렷하게 보이는 파란 하늘과 구름, 새벽 동트는 모습과 견줄 만한 그림이 눈앞에 펼쳐져 마음이 즐거웠다.

모두들 탁 트인 조망에 보고 있는 모습들이 행복해 보이고 구간 거리도 짧아 시간도 마음도 여유를 가지고 충분한 휴식과 기분을 만끽하며 다음 구간 2.7km 매봉산(천의봉) 정상을 향해 산행을 이어갔다. 저 멀리 파란 하늘 아래 능선 사이로 풍력발전기 모습도 한 폭의 그림처럼 보여 마음과 눈이 호강을 하며, 완만한 내리막 숲길을 잠시 지나 나타난 안내 표지목에 바람의 언덕 1.0km를 가리킨다. 고랭지 채소밭 사이로 콘크리트 포장길을 따라 잠시 걸었다. 모두들 걸어가는 모습이 이곳에서 다시 한눈에 들어왔다. 밝은 표정들이 여유로워 보였다. 오늘 산행처럼 여유로운 때가 있었나 싶다.

어느덧 매봉산 정상에 도착, 거대한 풍력발전기도 풍경을 자랑했다. 강렬한 햇빛 아래 매봉산 안내 표지석에서 단체 인증 샷!

오전 9시 17분 여유로운 시간으로 충분한 휴식을 취하고 피재를 향해 출발했다. 얼마쯤 걸었을까? 낙동정맥 갈림길에 다다랐다. 안내 표지석이 방향을 안내했다. 허성찬 님이 쭉~ 선두에서 안내자 역할을 했다. 산행 속도가 무척 빠르고 그 뒤를 이혜련, 최미란 님이 가벼운 걸음으로 잘 따라갔다. 오솔길처럼 편한 길 주변에는 노란 들꽃도 보며 삼삼오오 모여 걷다 보니 어느덧 안내 표지목이 삼수령을 가리킨다. 오전 10시 24분 삼수령에 도착해 이곳에서 늦은 아침 식사를 하기로 하고 삼수령 휴게소에서 컵라면 물은 도움을 받고 이해영 님이 준비해 온 골뱅이 무침과 컵라면을 끓여 면을 삶아 골뱅이 무침과 함께 시원한 막걸리도 곁들여 먹었다. 1시간 넘게 아침 식사를 마치고 오전 11시 30분 건의령을 향해 출발했다.

앞으로 5.3km(2시간 20분 소요 예정) 남았다. 포장길을 10여 분 걷고 더위를 식혀 주는 숲속 길을 지나 안내 표지목이 건의령 3.0km를 가리킨다. 피재를 지나 한참을 걷다 휴식을 취하고 건의령을 향해 산행을 이어 갔다. 오후 2시 5분 이른 시간 날머리건의령에 도착했다. 산행 시간 7시간 40분 소요, 이번 산행도 마음껏 많이 웃고 즐거운 산행으로 지인들과 함께해 더욱 행복한 산행을 하게 되어 감사했다.

오늘은 28구간 백두대간을 등반하는 동안 처음으로 일요일에 등반한 날이기도 하다. 이번 행복한 도전의 주인공은 항상 우리 모두들이다. 그리고 처음으로 휴식에 편안함을 더해 준 캠핑 의자가 한몫했다.

29구간

(2016.07.23.)

　해발 1,000m 내외의 건의령부터 댓재까지 18.91km, 구간은 짧고 가파른 구간과 짧은 평지가 무려 34개의 고개로 반복되는 특징을 지닌 것으로 산행의 재미(?)를 느낄 수 있을 것이라 생각했다. GPS상 누적 구간 537.307km.

　백두대간 29구간, 건의령~댓재까지 18.91km(10시간 소요 예정) 예전에 비하면 긴 구간은 아니지만 오르고 내려가야 하는 구간이 34개나 된다. 쉽지 않은 등반 여정이라 생각했다.

　이해영, 이태웅, 최미란, 이혜련 님과 5인은 건의령으로 향했다.

　태백역에서 허성찬 님을 오전 7시 30분에 만나기로 했다. 태백역 앞에 도착하니 오전 6시, 시간적 여유를 가지고 출발한 덕분에 너무 일찍 도착했다. 태백시는 고도가 높아 7월 아침 기온이 겨우 16도를 가리킨다. 태백역에서 1시간 30분 동안 휴식을 취하며 허성찬 님을 기다렸다. 지난 구간 때도 차량 이동에 도움을 주신 허성찬 님 후배분과 함께 반갑게 만나 덕담을 나누고 건의령으로 향했다. 건의령에 도착해 산행 준비를 하고 오전 7시 25분 댓재를 향해 간다.

건의령은 고려 말 공양왕이 살해되자 유신들이 고갯마루에 관모와 관복을 벗어 걸어 놓고 불사이군(不事二君)하겠다며 고개를 넘어 태백산중으로 몸을 숨겼다는 전설이 전해지는 고개이다. 관모를 뜻하는 건(巾)과 관복을 뜻하는 의(衣)를 합쳐 건의령(巾衣嶺)이라 부르게 되었다고 한다.

지난 구간에 이어 오늘도 선두에 허성찬 님이 길 안내자 역할을 했다. 새로 시작하는 마음가짐으로 "열심히 가자" 다짐을 했다.

건의령 주변의 소나무 숲 사이로 부는 시원한 바람을 맞으며 아침 산행을 시작했다. 그런데 이혜련 님이 살짝 하품을 하는 모습이 눈에 들어왔다. 일찍 서둘러 출발했기에 잠이 부족한 것을 알 수 있었다. 시작부터 숲속 길을 걷다 보니 힐링이 따로 없다.

맨 뒤를 따라가며 카메라에 우리 일행들의 뒷모습을 담았다. 흙길과 파릇파릇한 숲속 길을 걸어갔다.

벌써 선두는 눈앞에서 보이지 않는다. 20분 정도 지날 무렵 잠시 발길을 멈췄다. 형형색색의 산악회 시그널리본들이 주렁주렁 걸려 있는 푯대봉삼거리 안내 표지목 앞에서 나와 이태웅 님과 정겹게 번갈아 주고받으며 인증 샷!

직진 방향으로 푯대봉 안내 표지목이 0.1km를 가리킨다. 그리고 우측으로 구부시령 5.7km를 가리켰다. 우린 서둘러 선두 일행을 따라갔다. 잠시 후 선두 일행들이 철탑 옆에서 휴식을 취하고 있었다. 푯대봉 정상석이 한눈에 들어왔다. 주변은 나무숲으로 막혀 있고 막다른 길이었다. 깜빡할 사이 구부시령 방향이 아니었다.

조금 전 이태웅 님과 사진을 찍었던 우측 방향이었는데 무심코 지나치고 말았던 것이다. 그래도 이왕 여기 온 기념(?)으로 폿대봉 표지석에서 이혜련 님과 최미란 님을 카메라에 담고 잠시 지나왔던 방향으로 다시 발길을 돌렸다. 34개의 봉우리 중 이곳이 첫 봉우리인 듯했다. 구부시령 5.5km 안내 표지목이 방향을 안내했다. 난 중간에서 선두를 부지런히 뒤따라갔다. 눈 깜빡할 사이에 선두는 보이질 않는다. 선두팀 산행 속도가 무척 빠르다.

갑자기 선두는 잠시 멈춰 서 있었다. 허성찬 님은 보이지 않고 이혜련, 최미란 두 분만 있었다. '최미란 님 뒤를 보세요'라고 했다. 사진 모드로 금세 밝은 모습으로 바뀐다.

20~30초가량 머뭇거리면 선두는 영락없이 시야에서 멀어진다.

조망은 없지만 숲으로 우거진 오솔길을 걷다 보니 무더위를 느낄 수 없었다. 그래도 땀은 하염없이 계속 흐른다. 반면 바람은 시원했다. 1km마다 덕항산 안내 표지목이 눈에 띄었다. 계속된 숲길을 걷다 보면 멋진 풍경은 볼 수가 없다. 그러나 그 와중에 놓치고 싶지 않은 것이 특이하게 자란 나무나 고목들 그리고 야생화들이다. 1시간 20분 동안 줄곧 보이는 것은 숲길⋯⋯. 오늘 산행 중 처음으로 잠깐 시야에 들어온 파란 하늘을 카메라에 담았다.

또 우물쭈물하는 사이 최미란 님의 뒷모습도 보이지 않는다. 불규칙스럽게 속도를 내면서 따라갔다. 이혜련 님은 인증 샷을 찍을 순간이 없다. 금세 휙~ 시야에서 사라진다.

오전 9시 4분 잠시 휴식을 취했다. 지난번에 단체로 구입한 캠핑 의자가 톡톡히 우리에게 편안함을 주었다.

자연스런 사진을 만들기 위해 노력한다. 하지만 예외는 있다. 최미란 님에게 주문한다. 양손을 번쩍 들어 '사랑해요' 포즈를 취해 달라고 주문했다. 주문에 즉시 스스럼없이 '사랑해요'라고 답을 했다. 혜련 씨에게도 동일한 주문을 했다. 바로 답을 주었다. 역시 웃음은 모두에게 행복을 선사한다.

오전 9시 20분 꿀맛 같은 휴식을 취하고 구부시령을 향해 출발했다. 이어지는 산행 길 이해영 님이 든든하게 뒤를 지켜주며 2시간

30분가량을 부지런히 걸어 어느새 구부시령 1.8km를 남겨 두고 있다. 산행 초반이지만 반복되는 오르고 내려가야 하는 구간에 점점 힘겨워지기 시작했다.

2시간 30분 동안 줄곧 보이는 것은 숲길······.
안내 표지목이 덕항산 2.0km를 가리킨다. 난 후미에서 걷다 보니 선두 팀을 볼 수가 없다. 선두 팀을 따라가기 위해 서둘러 걷다 보니 아침에 서늘한 기온은 온데간데없고 몸에는 땀이 비 오듯 흐른다. 그래도 숲길이 있기에 더위가 이 정도라 다행스럽게 생각했다.
나와 일행들 모두가 몇 시간 걷지도 않았는데 벌써부터 서서히 지쳐 가는 기분이 들었다. 지친 몸을 달래기 위해 커피 타임을 가졌다. 커피 한 잔과 약간의 간식거리로 재충전 시간, 휴식을 취하니 금세 체력이 보충되는 기분이었다. 오전 10시 41분 덕항산을 향해 출발했다. 그래도 이른 아침에 출발해서 벌써 6.6km를 왔다. 오전 10시 46분 "한 여인이 아홉의 지아비"를 맞이하였다는 구부시령에 도착했다. 그런데 이태웅 님의 몸 상태가 심상치 않다. 좀처럼 먼저 아프다고 얘기를 안 한다. 분명 몸에 이상이 있어 보였다. 괜찮다고 하지만 얼굴이 벌겋고 웃어도 웃는 것이 아닌 듯했다.

선두는 눈앞에서 또 보이지 않는다. 구부시령 안내 표지목 앞에서 나와 이태웅 님은 두 번째로 번갈아 주고받으며 인증 샷을 찍었다. ***이태웅 님이 힘들어 보인다. 걱정이 됐다!***

안내 표지목이 덕항산 0.6km를 가리킨다. 한 발 두 발 걷다 보니 벌써 덕항산 정상이 코앞에 있다. 오전 11시 10분 덕항산에 도착하니 선두는 편하게 휴식을 취하며 반겨 주고 있다. 이태웅 님이 안색이 안 좋아 보이고 힘들어하는데 어디가 불편한지 말을 하지 않으니 도무지 알 수가 없다. 잠깐 휴식을 취하고 다음 목적지 지각산(환산봉)을 향해 출발해 1시간 남짓 땀을 흘리며 걷다 보니 환산봉 표지석이 보인다. 곧바로 지나쳤다. 선두는 보이지만 허성찬 님은 쉴 때만 눈앞에 보일 뿐 걸을 땐 시야에서 보이지 않았다.

언제부터 선두인 허성찬 님과 이혜련, 최미란 님의 간극이 벌어졌다. 그래도 우리 팀의 에이스다.

이혜련 님과 최미란 님의 간극을 좁히기 위해 불규칙한 스텝으로 따라갔다. 불러 세웠다. 오랜만에 둘이 인증 샷을 찍었다.

한참을 진행하다 보니 앞서가던 허성찬 님과 이태웅 님이 먼저 널찍한 공터에 자리 잡고 기다리고 있었다. 배낭을 풀어 헤치고 이곳에서 점심 식사를 하기 위한 장소로 삼았다. 45분가량을 쉬면서 컵라면과 이것저것으로 허기짐을 달랬다. 무더운 탓도 있었겠지만 다른 대간에서 느끼지 못한 힘겨운 코스는 분명했다.

식사와 휴식을 취한 후 오후 12시 57분 큰재를 향해 오후 산행을 이어 갔다. 키 높이만큼 무성하게 자란 수풀 사이를 헤쳐 가며 벌써 몇 번째 봉우리를 오르고 내리고를 반복했는지 모르겠다. 또 하나의 봉우리를 올라갔다. 반복되는 오르내림에 몸은 점점 더 지쳐 가고 15분가량을 빠른 걸음으로 걷다 보니 오후 1시 14분에 자암재에 도착했다. 이제야 10.8km를 왔다. 드디어 오늘 구간 반환점을 지났다. 안내 표지목이 큰재까지 3.4km를 가리킨다. 이태웅 님의 몸 상태가 안 좋다 했던 것이 아침에 김밥을 먹고 체했던 모양이다. 왼쪽 옆구리 쪽이 몹시 아프다고 했었는데 이해영 님이 긴급 처방을 한 결과 다행히 상태가 호전되어 어느 시점부터 허성찬 님 바로 뒤를 따라가며 이런저런 얘기로 담소를 나누며 걷고 있고, 오후 1시 28분 안내 표지목이 큰재 2.7km를 가리킨다. 줄곧 이혜련, 최미란 님의 뒷모습만 카메라에 담을 뿐 선두는 먼 나라 얘기다. 저 멀리 바람을 맞으며 돌아가고 있는 풍력발전기의 모습이 보인다. 능선으로 고랭지 배추밭이 그림처럼 펼쳐져 있다. 안내 표지목이 큰재 1.8km를 가리키고 이곳부터는 더위와 싸워야 했다. 땀은 비 오듯 닦을 사이도 없다. 그냥 흐르게 방치했다.

이해영 님이 잠시 나를 멈춰 세워 사진을 찍어 주었다. 이해영 님은 워낙 사진을 안 찍으려고 한다. 사진을 찍어 주는 사람은 사진이 별로 없다.

우린 이렇게 사진을 찍고 잠시 콘크리트 포장길을 걸었다. 날씨는 무덥다. 포장길을 걷고 나니 키보다 큰 수풀길이 나타나 시야를 가려 스틱으로 헤쳐 가며 길을 찾아갔다. "선두는 모르겠다. 또 보이지 않는다." 신경 쓸 겨를도 없다. 수풀 길을 헤쳐 나오고 다시 콘크리트 포장길을 따라 걸었다. 무더위가 엄습해 왔다. 우리 일행들이 모여 있다. 갈 곳을 몰라 고랭지 배추밭에 농약을 치고 있는 외국인 노동자들에게 길을 물어 다시 대간길을 걷고 또 걷는다.

비탈진 곳 한편으로 고랭지 배추밭 그리고 또 한편은 비탈진 곳엔 아직 만발하지 않은 노란 유채꽃과 파란 하늘에 두둥실 떠있는 흰 구름은 멋스런 한 폭의 그림을 연상케 했다.

날씨가 무척이나 더워 아침의 숲길이 사정없이 그립다. 선두로 간 일행들이 다시 되돌아온다. '도돌이표'가 생각났다. 이해영 님이 길 찾는 감각이 있다. 이곳 같다 했는데…… '맞았다.' 수풀이 우거져 안내 표지목을 가리고 있었다. 키 높이만큼 자란 수풀을 스틱으로 헤쳐 가며 선두를 따라갔다. 흰색 풍력발전기가 눈앞에 보이고 숲길을 지나자 탁 트인 조망에 마음과 눈을 시원하게 해 주고 선두는 시야에서 가물가물거린다. 좋은 자리에 모두가 모여 힘들어도 웃는 얼굴들로 담소와 간식으로 요기를 하면서 지친 몸에 영양분을 공급하고 날머리 댓재를 향해 산행을 이어 갔다. 편안한 내리막길을 따라 큰재에 도착하니 오후 2시 44분 안내 표지목이 황장산 4.4km, 앞으로 날머리 댓재 5.0km가 남았다. 선두 속도가 더욱 빨라진다. 이 속도면 앞으로 2시간만 걸으면 댓재에 도착할 것 같다.

줄곧 이혜련 님과 최미란 님만 보인다. 안내 표지목과 겹치게 카메라에 뒷모습만 담는다.

댓재까지 2.4km 남았다. 우리 일행들은 부지런히 목적지를 향해 달려갔다. 1시간을 걷고 난 뒤 오늘 구간에 마지막 휴식을 취하고 출발했다. 댓재 1.6km 안내 표지목을 지나고, 황장산 0.9km 안내 표지목을 지나고, 황장산 0.4km 안내 표지목을 마지막으로 오후 4시 26분 날머리 댓재에 도착했다. 산행 9시간, 오늘도 힘겨운 산행을 했을 것이다. 모두들 행복해하는 웃음으로 인사를 나누며 구간 종료를 마쳤다.

목적지에 닿아야 행복해지는 것이 아니라 여행하는 과정에서 행복을 느낀다. -앤드류 메튜스-
이처럼 우린 낙오자 없이 완주했다는 것에 행복한 것이 아니고 진정 백두대간 과정 속에서 여행하는 기분으로 행복을 느낀다.

이번 백두대간 29구간(건의령~댓재) 한 편의 드라마처럼 이어지는 대간길의 매력이 있다. 오늘 차량 이동을 해 주셨던 허성찬 후배님이 생수와 얼음을 가지고 온 덕분에 시원한 얼음물로 더위에 지친 몸을 조금이나마 회복할 수 있었다. 지인분께 감사한 마음을 전한다.

30구간

(2017.03.18.)

해가 바뀌었다. 작년 한여름 7월23일 도착했던 이곳을 이른 시간에 작년의 기억을 되새기며 초겨울처럼 차가운 새벽공기를 마시며 새해 들어 처음으로 우리가 다시 뭉쳤다. *19.63km, 행복한 산행이 되길… GPS상 누적 구간 556.937km.*

오늘 목적지는 이기령 마을까지였다. 부득이 탈출로를 찾아 목적지를 변경할 수밖에 없었던 30구간이었다.

백두대간 30구간, 댓재~무릉계곡 주차장까지 19.63km이다.

두타산까지 6km, 꾸준히 이어지는 오름길로 해발 1,000m를 올라야 하는 쉽지 않은 코스라 생각하고 마음의 준비를 단단히 하고 이해영, 이태웅, 최미란 님과 오늘 처음 합류한 이시형 님과 함께 6인은 삼척시 하장면 번천리 댓재로 향했다.

댓재에 도착하니 오전 6시 40분 이른 시간에 도착했다.

들머리 댓재에서 햇대등~명주목이~1016봉~통골재~두타산~박달령~청옥산~연칠성령~무릉계곡~주차장까지다. 댓재 아침 날씨는 초겨울처럼 춥다. 겨울 산행 복장으로 분주하게 산행 준비를 서두른다.

이시형 님은 처음 합류해 긴장함도 보이고 설레는 모습도 엿보였다.

오랜 공백을 딛고 새해, 새롭게, 새로운 멤버와 함께해서 좋다. 그러나 고정 멤버 이혜련 님이 참석 못해 아쉽다.

작년 녹음이 푸른 날에 댓재 안내 표지석에서 환한 미소로 인증샷을 찍은 기억이 새롭다. 우린 댓재 안내 표지석 앞으로 걸어갔다.

아직은 추운 날씨에 몸은 움츠러들지만 얼굴엔 미소가 가득했다. 두타산을 향해 GO~GO~ 선두에 허성찬 님 그 뒤로 최미란, 이태웅, 이용주 그리고 이시형, 이해영 님이 자연스럽게 자리를 잡고 파릇파릇한 산죽을 보며 첫 목적지 햇대등을 향해 완만한 경사 길을 올라갔다. 첫 번째 안내 표지목이 두타산 6.1km를 가리킨다. 선두와 다섯 번째인 나까지는 간격을 유지하며 걸어갔다. 이해영 님은 시야에서 보이질 않아 뒤를 힐끗 돌아보면서 걸었다. 어느새 순서가 바뀌었다. 최미란 님 뒤를 쫓아 걷고 있는 뒷모습을 카메라에 담으며 따라갔다. 산행을 시작하고 얼마 후 금세 선두는 시야에서 보이지 않았다. 햇대등 표지석이 좌측으로 두타산 5.7km를 가리킨다.

하지만 이곳이 알바할 거라는 생각도 못한 채 선두를 따라 곧바로 향했다. 선두와 간격이 멀어질까 봐 급히 걸음을 재촉했다.

항시 그렇듯이 최미란 님 뒤를 따라갔다. 바닥엔 낙엽이 있어 걸음이 편안했다. 주변 조망도 감상하고 인증 샷도 찍어 가며 걷고 수북이 쌓인 급경사로 이루어진 낙엽 길을 내려갔다. 이상했다. 올라가야 하는데? 하지만 선두는 저만치 내려가고 있었다.

2~3분 사이로 허성찬 님과 이태웅, 이시형 님은 한참을 내려가고

있었다. 험한 급경사 길로 무릎에 무리도 가고 미끄러지며 뒤를 따랐다. 그런데 이해영 님은 시야에서 보이질 않았다. 한참을 멈춰 서서 기다렸지만 만날 수가 없었다. 얼마 지나 선두는 멈춰서 쉬고 있었다. 이상했다.

결국 올 것이 왔다. 올라가야 했건만 계속 내려왔으니 대간길이 아닌 다른 곳으로 가고 있었다. 다시 내려온 만큼 힘들게 올라가야만 했다.

지금까지 10여 분 정도 내려왔다고 생각했는데 생각보다 한참을 내려왔으니, 한참을 올라가야 한다는 생각에 순간 힘이 빠졌다.

하지만 힘을 내기로 다짐을 했다. 오전 7시 26분 잠시 휴식을 취했다. 이해영 님과 결국 길이 어긋나고 말았다. 선두팀이 다른 길로 가고 있을 때 이해영 님은 대간길을 가고 있었다. 1시간 이상 이산가족이 되고 말았다. 갈 길이 바쁜데 "알바"까지 했으니 몇 시간 걷지도 않았는데 벌써부터 서서히 지쳐 가는 기분이 들었다.

이해영 님은 우리가 길을 잘못 든 것을 알고 어느 지점?에서 우리를 기다리고 있다. 추운 날씨에 한참을 기다리고 있으니 미안한 마음이 들었다. 이해영 님이 기다리고 있기에 부지런히 걸었다.

오전 7시 무심코 바라보고 지나갔던 햇대등 표지석에서 멈춰 섰다. 이곳이 "알바"의 시발점이었다. 왼편으로 시그널리본이 그토록 많이 있었는데 보질 못하고 지나쳤다. 햇대등 표지목에 도착하니 오전 8시 5분, 그래도 인증 샷은 찍고 저 멀리 보이는 두타산을 바라보며 허비된 시간을 만회하기 위해 부지런히 걸었다. 오전 8시 5분 안내 표지목이 두타산 5.7km를 가리킨다. 어느새 허성찬 님과 이태웅 님은 한참을 앞서 있고 10여 분 갔을 무렵 골짜기엔 아직도 눈이 수북하게 쌓여 있다. 바닥도 미끄러워 조심조심 걸었다. 이시형 님 머리에 땀이 범벅을 하고 있어 힘든 백두대간길을 손수 현장 체험하는 듯했다. 두 번째 안내 표지목이 두타산 4.8km를 가리킨다. 평지를 걸을 땐 속도가 빨라지고 오름길에서는 이시형 님과 최미란 님은 앞서거니 뒤서거니 하며 순서가 바뀐다. 오전 8시 40분, 1016봉 30분가량을 쉼 없이 올라왔다.

이해영 님이 가던 길을 멈추고 기다리고 있다는 것을 잠시 잊었다. 힘들어서 쉬어야만 했다. 최미란 님이 오늘은 유독 힘겨워했다.
이해영 님과 이산가족이 된 지 한참인데 언제 볼지 모른다. 가쁜 숨을 고르고 다시 이해영 님이 계신 곳을 향해 출발…… 오전 8시 43분 벌써 중천에 뜬 해는 우릴 바라보고 있다.
능선엔 아직 눈이 쌓여 있고 안내 표지목이 두타산 2.6km를 가리킨다.

드디어 1시간 30분 만에 이해영 님과 상봉! 이런저런 얘기들을 하면서 피곤함을 날려버렸다. 이해영 님이 우리를 위해 따뜻한 커피 준비를 해 주었다.

따뜻한 커피를 마시며 휴식을 취하고 다시 두타산을 향해 출발했다. 안내 표지목이 일정한 간격으로 안내를 잘해 주고 있다. 출발한 지 10여 분 안내 표지목이 두타산 2.1km를 가리킨다. 여기서부터 350m가량은 된 오름 구간으로 힘겨운 구간이었다. 최미란 님 뒤를 따라갔다. 경사가 나오면 속도가 느려진다. 멈추면 힘들다. 늦더라도 멈추지 말고 꾸준히 올라가는 것이 덜 힘들다.

멈춰 섰다. 힘든데 멈추는 것이 당연하다. 그러나 스타일이 다르다. 최미란 님은 올라가다 힘들면 멈추는 포즈가 있다. 멈추는 모습이 독특하다.

오전 10시 42분 두타산 정상을 앞두고 잠시 휴식을 취하고 다시 출발해 오전 10시 55분 두타산 정상에 도착했다. 반갑구나. "두타산아." 모두들 두타산 정상석에서 인증 샷!

정상에 힘겹게 올라와 탁 트인 조망과 주변 풍경을 바라보니 어느새 힘겨웠던 시간은 온데간데없다. 인증 샷을 마치고 다음 목적지 청옥산까지 3.3km를 향하려고 할 무렵 청옥산 코스가 만만치 않다는 생각이 들어 든든히 식사를 해야만 갈 것 같은 생각이 들었다.

두타산 정상에서 조금은 이른 시간이긴 하지만 점심 식사를 하기로 결정했다. 산행 열기로 춥지는 않지만 바람이 불어 금세 체온이 내려가기 때문에 쉘터를 치고 바람을 막았다. 오늘 준비한 점심 메뉴는 부산에서 공수한 어묵이다. 어묵을 먹고 나서 햇반과 고추장을 함께 볶으니 맛은 일품 중에 일품이었다. 모두 맛있게 먹는 모습이 너무 보기 좋았고 가져온 보람도 느꼈다. 1시간 이상의 충분한 휴식과 식사를 하고 낮 12시 25분 청옥산을 향해 출발했다. 이곳부터 박달령까지 1km는 급경사 내리막 구간이다.

처음 백두대간에 참여한 이시형 님이 선전했다.

아이젠을 착용하고 급경사 빙판길을 사고 없이 조심들 하며 잘 내려왔다. 박달령까지 0.9km는 평지다. 박달령을 지나고 청옥산으로 이어지는 산행 길은 또다시 된오름 구간으로 숨가쁘게 오르다 잠깐씩 멈춰 멋스럽게 보이는 경치도 보고 전망 좋은 곳에서 인증 샷도 찍으면서 오르다 보니 이시형 님과 이해영 님이 바로 뒤를 따라왔다.

처음 참석한 이시형 님 몸 상태가 산행 시간이 길어지면서 지친 모습이 보이고 걷는 속도도 점차 느려지고 있었다. 이해영 님이 수시로 체크를 하고 난 중간에 서서 앞뒤 인증 샷을 찍으면서 산행을

이어 갔다. 청옥산 안내 표지목이 1.1km를 가리킨다. 급경사 길이라 힘든 코스로 그래도 힘을 내서 목적지를 향해 한 걸음씩 좁혀 갔다. 아직 이곳엔 눈이 녹지 않았다.

겉옷을 벗을 정도의 날씨는 아니지만 몸에 열기가 올라와 덥다.

힘든 구간인 듯싶다. 휴식을 해도 일행들 얼굴에는 웃는 모습이 자취를 감추고 말았다.

청옥산 정상이 보인다. 앞으로 0.5km만 가면 된다. 오후 1시 37분 산행 6시간째이다. 생각보다 시간이 지체되었다. 그래도 굳건히 힘을 냈다. 푸른 하늘 사이로 흰 구름과 시그널리본들이 나뭇가지에 나붓거리는 모습이 인상적이다. 오후 1시 52분 청옥산 정상 50m 지점, 무릉계곡관리사무소 6.7km 우리가 걸어왔던 두타산 3.7km를 안내 표지목이 반갑게 맞이했다. 오늘 힘든 고비 7할은 넘겼다고 생각했다. 몸이 지칠수록 반복되는 경사 길이 나오면 힘이 든다. 그래도 어쩔 수 없다. 평지만 있으면 무슨 재미가 있겠는가? 혼자 생각하며 자신에게 위로도 해 본다. 청옥산 정상 가기 전 50m 지점 넓은 공터, 이곳에서 잠시 휴식을 취했다. 다시 힘을 내 출발, 청옥산 정상석에서 개인 인증 샷! 단체 인증 샷은 못 찍고 연칠성령을 향해 출발했다. 이곳부터 1.2km 내리막 급경사 길로 두타산에서 하산할 때부터 힘겨워하고 있는 이시형 님이 걱정이 되었다. 아직 갈 길은 멀다. 북쪽 응달 구간으로 눈이 녹지 않아 벗었던 아이젠을 다시 착용하고 내려가기 시작했다. 예상 시간보다 많이 늦은 시간 오후 2시 45분 연칠성령에 도착했다. 시야 저 멀리 고적대가 보인다. 이번 산행의 제일 난코스인 듯싶었다. 아직 절반도 못 온 상태다. 시간이 의외로 지체되어 이기령마을까지 가기 위해 부지런히 걸었다. 난 최미란 님 뒤를 따라갔다. 연칠성령에서 우리가 걸어갈 능선이 한눈에 보였다. 고적대까지 1km 남았다.

 처음에 컨디션 난조를 보인 최미란 님이 오후 산행 때는 조금씩 컨디션 회복을 했다. 잠시 멈춰 세워 뒤를 보세요, 하면서 인증 샷! 입가에 미소가 예쁘다.
 여전히 선두는 허성찬 님과 이태웅 님 그리고 최미란 님이다.

 갑자기 변수가 발생했다. 이시형 님이 산행 시간이 길어지면서 체력 저하로 이 상태로 목적지까지 가는 것은 무리라는 이해영 님의 판단에 다시 연칠성령으로 복귀하게 되었다.

가던 길을 멈추고 지나온 연칠성령으로 되돌아가 무릉계곡 관리사무소로 하산하기로 결정하고 모두는 아쉽지만 발길을 되돌려 연칠성령에 오후 3시 19분 도착했다. 연칠성령 안내 표지목에 무릉계곡 관리사무소까지 6.7km를 가리킨다. 얼마 남지 않은 거리에 긴장감도 풀리고 지도에도 나타나지 않아 그냥 경사진 길이구나 생각했다. 하지만 눈이 전혀 녹지 않아 다시 아이젠을 착용하고 하산하기 시작했다. 오후 3시 40분 내려가고 내려가도 끝이 보이지 않았다. 허성찬 님은 어느새 시야에서 멀어지고, 최미란 님이 앞에 그리고 내가 중간에 뒤로는 이태웅 님과 이해영 님께서 이시형 님을 보조해 가며 하산을 했다. 어느 순간 이해영 님이 하산 길이 지루했던지 앞질러 하산하고 나도 그 뒤를 급하게 따라 내려갔다. 하산을 시작한 지 1시간 10분이 지나 무릉계곡 상류까지 내려왔다. 급경사 길은 다 내려와서 힘든 구간은 없겠구나 생각을 했다.

무릉계곡 이곳 급경사의 진수를 보여 준 듯했다. 번뜩 생각났다. 다음에 이곳을 어떻게 올라가지? 걱정이 앞섰다.

보통 하산 길이 2~3km도 지루하다. 오늘 하산 길이 6.7km를 계속해서 급경사 길을 내려가야만 했다. 허성찬 님은 하산 길에는 보이질 않았고 이해영 님도 눈에서 보이질 않았다. 후미 팀은 속도가 느려 한참 뒤처진 듯 더더욱 보이질 않았다. 이해영 님을 따라가다 잠시 발길을 멈춰 섰다. 그러다 천천히 걷던 중 낙엽에 가려져 있던 얼음을 밟자 미끄러지고 말았다. 오른쪽은 낭떠러지에 절벽! 깜짝 놀랐다. 숨겨진 얼음길을 하산하고 있는 일행들을 생각해 그냥 두고 내려갈 수가 없어 숨겨진 얼음 위의 낙엽을 다 치우고 뒤처진 일행들을 기다리고 있었다. 한참을 기다린 끝에 최미란 님이 시야에 보였다. 이태웅 님과 이시형 님은 기다렸지만 한참을 기다려도 내려오고 있는 모습이 보이질 않아 최미란 님과 둘만이 천천히 하산 길을 이어 갔다.

현재 시간 오후 5시 19분 발길을 멈춰 섰다. 기념사진을 찍으려고 간이 카메라 다리를 준비했다. 나무에 걸어 놓고 최미란 님과 둘이서 인증 샷!

우린 나름 지루함을 달래기 위해 애쓰고 있었다. 하산 중 계곡 옆에 이해영 님이 기다리고 있었다. 한참 뒤처져 있는 두 사람을 기다렸다 함께 가겠다 하여 나와 최미란 님은 천천히 하산해 도착한 곳, 동해시 무릉계곡 사원터에 도착했다. 나뭇가지에 꽃망울이 뭉쳐 있고 봄기운이 느껴지는 순간이었다. 2.4km를 쉼 없이 내려왔다. 앞으로 무릉계곡 관리사무소까지 4.3km를 가리킨다. 풍경을 사진에 담는 동안 최미란 님은 지루했던지 먼저 출발하고 바로 뒤따라 출발했지만 좀처럼 거리가 좁혀지지 않았다.

발길은 점점 빨라졌다. 하지만 목적지는 멀게만 느껴졌다.

오후 6시 20분 무릉계곡 등산로 안내 표지판 앞에 도착했다. 이제 얼마쯤 남았을까? 보고 또 보았다. 몇 년 전 청옥산과 두타산을 종주했던 기억이 났다. 그때는 이런 기분이 아니었는데…… 끝이 보이지 않는 급경사의 철제 계단 길을 뚜벅뚜벅 걸었다. 무릉계곡관리사무소 약 2.3km를 가리킨다. 이제 다 와 간다는 생각에 마지막 힘을 냈다. 그러나 안내 표지판에 새겨진 거리는 다 왔다고 생각했는데 목적지는 아직 멀게만 느껴지고 어느새 날은 어두워졌다. 그래도 끝은 보이는 법, 하산 길의 종착지를 알리는 목적지 주차장에 도착했다. 허성찬 님은 한참 전에 도착해 휴식을 취하고 있었다. 우리는 하산 후 후미 팀을 한참 기다린 끝에 이해영, 이태웅 님이 지쳐 힘든 모습이 가득한 이시형 님을 데리고 내려와 모두는 완주 후 다시 만날 수 있었다. 이시형 님은 백두대간 첫 산행 길, 고생스럽고 힘겨운 산행이었을 것이다. 31구간 코스는 다시 이곳으로 와야 되지만 고개를 절레절레 흔들었다. 의견이 둘로 나눠졌다. 이태웅 님과 최미란 님은 이 코스는 포기하고 이기령마을에서 출발해 연칠성령까지 와서 다시 되돌아가자는 의견을 냈다. 13시간 30분이 소요된 이번 백두대간 30구간(댓재~무릉계곡관리사무소) 힘들고 지루했던 만큼 오랫동안 기억 속에 남을 것 같다. 함께할 수 있는 사람들과 함께 행복했고 힘든 산행을 사고 없이 무사히 완주한 것에 감사했다. 동해에서 태백으로 넘어가 모처럼 산행 후 유명한 태백 한우고깃집 식당에서 소고기로 푸짐하게 식사를 했지만 이시형님은 마지막 체력까지 바닥나고 탈진까지 와 좀처럼 식사를 하지 못하고 있었다. 끈기와 인내가 있어 몇 번 더 참여해 함께 산행을 한다면 반드시 건강도 체력도 좋아질 것으로 본다. 속히 회복되시길 빌어 본다.

31구간

(2017.04.08.)

　이변은 없었다. 정통 코스를 선택했다. 그리고 결과적으로 탁월한 선택에 만족했다. 연칠성령에서 무릉계곡관리사무소까지 6.7km가 아닌 8.7km였던 것이다. 지쳐있을 때 2km는 무척 길게 느껴진다. 연칠성령까지 급경사를 올라가면 이번 코스는 힘든 구간은 없을 것이라 생각했다. 누적 구간 575.667km.

　오늘 구간은 들머리 무릉계곡 주차장에서 출발해 날머리 이기령마을로 하산하는 코스다. 지난 구간 체력에 한계를 느껴 탈진까지 했던 이시형 님이 합류하고 이해영, 이태웅, 최미란 님과 동해시 삼화동 무릉계곡주차장으로 향했다. 오전 5시 30분 주차장에 도착했다. 이곳에서 허성찬 님과 만나 산행 준비를 서둘렀다.

　무릉계곡주차장~무릉계곡~연칠성령~고적대~사원터갈림길~갈미봉(1,260m)~1142.8봉~쉼터~이기령~이기령마을까지 18.73km이다.

　아침 기온은 제법 쌀쌀했고 이른 시간이라 넓은 주차장은 텅텅 비어 있었다. 주변은 아직 어두워 랜턴을 켜서 주변을 밝히니 벚꽃나무에 꽃들이 만개해 우릴 반기듯 활짝 웃는 듯했다.

2주 전 그토록 지루하고 힘겹게 하산한 무릉계곡! 이곳을 다시 찾았다. 마음속으로 다짐을 한다. 잘 갈 수 있을 것이라고………

오전 5시 34분 산행을 시작했다. 몇 분 걷는 동안 활짝 핀 벚꽃도 보고 풍경도 보면서 여유롭게 아침 공기를 마시며 걸었다.

주변 산세가 아름다웠다. 금세 날이 밝아지고 선두는 허성찬 님 그리고 이시형 님이 그 뒤를 따랐다. 그 뒤로 최미란, 이태웅 님이 걸어가고 있고 이해영 님은 언제나 뒤에서 지켜주고 있다. 아침 시간 걷고 있는 평지의 흙길은 기분을 한 층 더 상쾌하게 해 주고 지난 구간 때 지루하고 힘들었던 생각은 모두 잊고 자연이 주는 즐겁고 행복한 생각으로 가슴에 가득 채우며 걸었다.

지난 구간과 극명한 대조가 되었다. 20여 분 아침 공기를 마시며 걸어서 도착한 곳 무릉계곡, 풍경이 멋지게 다가왔다.

우리 일행들 얼굴엔 미소가 만발했다. 연신 인증 샷을 찍으면서 걸었다. 산행시간 30분이 지나자 어느덧 날은 밝아 주변 풍경은 아름답고 멋진 모습을 보여 주고 있었다. 흙길과 돌계단 모든 것이 한 폭의 그림과 같고, 지난 구간 하산 때 보고 느끼지 못한 색다른 느낌은 행복감을 더해 주었다.

가볍게 2.3km까지 왔다. 연신 인증 샷을 찍는 동안 선두는 직진을 하고 있었다. 깜빡할 사이다. '처음부터 알바는 곤란하지요' 이해영 님이 소리로 교정에 들어갔다. 하늘 문 가는 길 우측으로…… 웃

음으로 답례했다.

마주하는 급경사로 된 철제 계단에서 인증 샷을 찍기 위해 불렀다. 멋지게 나올 듯싶어 내가 먼저 계단을 박차고 올라갔다.

모두들 잠깐 멈추게 해놓고 단체 인증 샷을 찍었다. 그러면서 올라오는 한 사람씩 카메라에 담았다. 밝은 미소가 참 보기 좋았다.

1시간가량 지겨움 하나 없이 올라왔다. 더위에 겉옷을 벗어 배낭에 넣고 휴식을 취하면서 장비를 재정비하고 연칠성령을 향해 본격적인 산행은 이어지고 15분쯤 걸어 멈춰 선 곳은 두 번째 급경사, 이곳에서도 인증 샷을 기다리고 있는 선두! 허성찬 님과 이태웅 님 그리고 최미란 님을 카메라에 담아 주고 계단을 올라갔다.

지난 구간 때 너무 힘들어했던 이시형 님 얼굴에 땀이 송골송골 맺혀 있고 밝은 웃음이 얼굴에 한가득이다. 이태웅 님에게 카메라를 넘겼다. 바로 이태웅 님의 목소리가 나의 발길을 멈춰 세웠다.

뒤를 돌아보고 웃으며 인증 샷으로 추억을 만든다.

아침 7시 계곡 물소리가 가던 발길을 멈추게 했다. 그냥 지나칠 수가 없다. 경쾌한 물소리와 주변 분위기가 인상적이었다.

연신 아름다운 풍경을 카메라에 담기 시작했다. 무려 15분 동안 '힐링'을 했다. 휴식을 뒤로하고 오전 7시 12분 또다시 이어지는 산행 길은 발길이 가벼웠다. 산행 2시간째 힘든 것을 전혀 못 느끼며 즐거운 마음으로 사원터까지 왔다. 이곳에서 선두는 휴식을 취하며 기다리고 있었고 사원터 안내 표지목은 청옥산 3.75km 연칠성령

2.45km를 가리킨다.

안내 표지목 앞에서 모두 행복해하는 모습도 인증 샷!

오전 7시 52분 즐거운 담소와 충분한 휴식을 취한 후 연칠성령으로 출발, 허성찬 님이 항시 선두에 앞장선다. 뒤로 최미란 님이 따라가고 진행하는 등로길엔 낙엽이 수북하게 쌓여 있다. 좌측엔 비탈진 곳, 조심스럽게 가야만 했다. 계곡을 건널 무렵 형형색색의 시그널 리본들이 무수히 걸려 있고, 많은 대간 산꾼들이 지나갔다는 뜻인데 우리 또한 그들 뒤를 따라 오늘도 고단한 산행을 하고 있다. 된오름 급경사 시작점에서 이시형 님은 잠시 스트레칭으로 몸을 풀고 단단히 마음에 준비를 하는 듯 보였다.

1.8km의 급경사 '헉'하는 소리가 나올 정도다. 선두는 열심히 그리고 꾸준히 올라간다. 선두에 자리 잡았던 최미란 님이 뒤처진다. 나도 따라 뒤처졌다.

좁은 공터에 모두 모여 잠시 휴식을 취했다. 하산할 때 이곳에서 느낀 점이 별반 다르지 않았던 것 같다. 이시형 님은 '앉았다 일어섰다' 산행에 굳어진 근육도 풀며 계속 이어질 산행 준비를 한다.

우리가 가야 할 능선들이 파란 하늘 아래 한눈에 보였다. 또 다시 이어지는 산행 길 최미란 님 뒤를 따라갔다. '숨이 차다' 참고 올라갔다. '최미란 님은 참 대단하다.' 힘겨워하면서 그래도 포기란 없다. 얼마나 예쁜지 모르겠다. 오전 9시 37분 연칠성령에 도착했다.

좋은 분들과 함께 하는 산행 길은 힘든 만큼 행복도 함께 온다. 오늘 산행의 절반에 가까운 지점까지 왔다. '기쁨은 두 배 힘듦은 절반' 가장 힘든 구간을 왔다는 성취감에 휴식 시간 내내 각자의 얼굴엔 웃음꽃이 피어 있었다. 오전 9시 58분 이해영 님에 출발 소리와 함께 꿀맛 같은 휴식을 접고 고적대를 향해 출발을 했다. 새벽 휴게소에 들러 식사를 하고 왔건만 이른 시간임에도 허기가 진다. 원래 나는 허기가 지면 힘들어하는 것을 일행들은 잘 안다. 참고 걸었다. 최미란 님 뒤를 따라갔다. 처음 산행 시작 때 힘들어하던 모습과 달리 신발 끈도 다시 동여매고 잘 간다. 나와 정반대 상황이 되고 말았다. 1km 고적대까지는 난코스다. 나도 깜짝 놀랐다. '힘들다. 기운이 점점 빠진다.' 인증 샷을 찍고 올라가지만 잠시 쉬는 시간 그때뿐 무척이나 힘든 구간이었다.

결국 뒤로 처져 힘겹게 고적대를 향해 자신과의 싸움을 하고 있었다. "결국 내가 이겨 냈고" 그리고 고적대 정상에 도착했다.

드디어 이번 산행의 마지막 힘든 코스라 생각했던 고적대 (1,353.9m) 정상. 정상에서 바라본 산 아래의 풍경은 힘겨웠던 순간들을 다 잊게 만들어 주는 힘이 있다.

이태웅 님이 달걀을 두 개나 줘서 먹고 나니 그나마 정신이 났다. 내가 허기가 지면 못 간다는 것을 우리 팀들은 잘 안다. 다음부터는 미리 허기가 오기 전 걸어가면서 준비해 온 간식이라도 먹으면서 가야 되겠다. "이래서야 되겠니?" 되물었다. 고적대 정상에서 인증 샷과 휴식을 취한 후 다시 이기령으로 출발했다. 오전 11시 약 6.6km만 가면 오늘 산행은 종료된다. 지도상 이기령까지 계속된 하산 길이였다. 굽이굽이 펼쳐진 능선 길을 걸어온 길을 뒤돌아보니 많이도 왔다는 생각도 하면서 흐뭇해했다. 햇빛은 강렬하나 바람은 차갑게 느껴지는 날씨다. 오전 11시 24분 고적대삼거리 안내 표지목이 직진 방향으로 백봉령을 가리킨다. 선두는 시야에서 멀어진 지 오래다. 둘씩 그룹을 지며 걸어갔다. 이시형 님이 무릎이 불편한 듯싶었다. 선두는 점심 식사할 자리를 잡는다고 부지런히 간 모양이다. 오전 11시 47분 점심 식사할 자리에 함께 모여 왔던 길을 회상하며 자연이 주는 아름다웠던 모습을 회상하며 즐거운 담소와 맛난 식사 시간을 가졌다.

반가운 점심시간이다. 고적대 올라올 때 생각하면 아찔했다. 오늘은 오리불고기가 주 메뉴였다. 부 메뉴로 햇반에 볶음밥 주 메뉴와 부 메뉴의 환상적인 궁합이다.

이제 갈 길은 급하지 않았다. 식사 시간도 충분하고 먹거리와 모든 것이 충분했다. 무려 1시간 20분을 식사 시간에 할애했다.

오후 1시 10분 이기령을 향해 오후 산행이 이어지고 우측으로 보이는 능선과 기암절벽 모습이 너무나 멋지게 보였다. 그냥 눈으로만 볼 수가 없었다. 인증 샷은 기본이다. 해발500m 완만한 하산 길을 내려가면 되었다. 그런데 아직도 이곳은 눈이 녹지 않았다.

능선 길을 따라 걷는 중 안내 표지목이 방향만 가리키고 거리 표시는 없다. 이번 구간도 끝도 없이 이어지는 하산 길에 이시형 님이 점점 더 힘겨워하는 모습이 역력했다. 지난 구간처럼 긴 산행 시간에 무릎 통증과 아직은 체력이 부족한 모양이다. 몸 상태는 아직 산행에 덜 익숙해 고비를 몇 번 넘겨야 함을 알고 있다.

어쩐다지. 무릎이 아프면 고통스러운데…… 도움을 줄 수가 없다. 처음부터 끝까지 본인 스스로 의지와 인내로 이겨 내야 하는 것이 산행이다. 그래도 함께하는 이들이 있기에 완주도 할 수 있다. 의지가 강한 이시형 님은 잘 이겨 낼 것이라 믿으며, 파이팅!!

선두팀은 보이질 않는다. 잠시 이시형 님 뒤를 따라갔다. 어느 순간 이시형 님은 뒷전으로 물러났고 나는 선두를 쫓아갔다. 선두는 무척 빠르다. 떨어져 가면 인증 샷을 찍어 줄 수가 없다. 그래서 불러 세워 인증 샷을 찍었다. 오후가 되면서 날씨는 제법 덥다. 후미 팀과 간격이 너무 벌어져 선두를 또 불러 세워 인증 샷도 찍고 후미 팀과 간격도 줄이고 어찌 됐든 이 순간이 즐겁다. 계속된 하산 길을 걷다 보니 거의 다 왔다는 느낌이 왔다. 마침 평의자가 눈에 띄어 이곳에서 마지막 휴식을 취하기로 했다. 오후 2시 37분 이기령까지 1.1km 안내 표시목이 마음의 여유를 주었다. 휴식을 취하고 있는 동안 이해영 님이 불편해 보이는 이시형 님과 보조를 맞춰 도착했다. 오후 3시 41분 드디어 이기령 안내 표지목에 도착, 10분 정도 기다리니 후미 팀이 보였다. 멋지게 인증 샷! 모두들 모였다.

20분가량은 여유롭게 쉬었다. 마지막으로 이기령마을까지 2.8km 오후 4시 16분 다시 출발했다.

모처럼 5인이 일렬횡대로 걷는 모습을 카메라에 담았다.

오후 5시 계속 이어지는 경사 길 이기령마을 종점 0.5km를 가리켰다. 석양은 산봉우리 상단에 걸려 있다. 500m만 가면 된다.

경사가 심한 콘크리트 포장길이 나타났다. 콘크리트 포장길은 이해영 님이 제일 싫어하는 길이라 다음 구간을 걱정 안 할 수가 없다.

지금 내려가고 있는 이 길을 다음 구간 때는 올라가야 한다. 오후 5시 24분 날머리 이기령마을에 일행 모두가 도착해 택시 두 대를 이용해 무릉계곡 주차장에 도착했다. 산행 12시간 소요된 이번 백두대간 31구간 모두가 무사히 완주했고 산행하는 동안 우리는 많이 웃고 많이 즐겁고 행복한 시간이었다. 오늘도 우리에게 아름다운 강산을 볼 수 있는 눈과 산행을 할 수 있는 건강함에 다시 한번 감사함을 가져 보는 시간이었다.

오대산

32구간

(2017.04.22.)

　새로운 시작을 앞두고 기대와 설렘을 가슴에 품고 첫 1박 2일의 새로운 시도를 하게 되었다. 백두대간 600km를 산행했다. 그리고 포기를 모르고 합류에 성공한 이시형 님의 투지와 열정을 높게 샀다. 누적 구간 606.877km.

　백두대간 32구간, 이기령마을~삽당령까지 첫 1박 2일의 새로운 도전을 시도했다. 이해영, 이태웅, 최미란, 이시형 님과 5인은 정선군 고한읍 백복령에 위치한 펜션으로 향했다. 오전 7시 펜션 앞에서 허성찬 님과 만나 이번 구간도 함께하기로 했다.

　이기령마을~이기령~상원산(표식기)~원방재~1022봉~959봉~백복령~철탑(46번)~768봉~생계령(신계령)~829봉~900.2봉~고병이재~석병산~두리봉~866.4봉(삼각점)~삽당령까지 1박 2일 동안 31.21km이다.

　비교적 1박 2일 코스로는 부담 없는 일정이었다. 펜션에 방 2개를 잡고 가져온 짐을 풀어 정리하고 펜션식당에서 아침 식사를 하게 되었다. 갓 지어낸 따뜻한 밥과 나물 종류 3~4개와 감자조림 반찬이 정갈하게 나와 입맛에 맞아 맛있게 먹었다. 펜션 사장님이 이기령마을까지 차량으로 이동시켜 주기로 했다.

이기령마을을 지나 이기령까지 차량이 올라간다면 대성공이라 생각했다. 염려하고 걱정했던 상황은 싹~ 사라지고 하늘을 향한 각도로 차량은 거침없이 올라갔다. 대성공이다.

오전 9시 20분 이기령 조금 못 미친 지점에 차량으로 도착해 바로 옆 민가에서 개 짖는 소리에 주민들에게 피해를 줄까 봐 서둘러 차량에서 하차하고 이곳을 벗어나려 했다. 그런데 짐을 다 내리고 보니 스틱 짝들이 맞지 않아 허둥지둥 찾고 있었다. 이해영 님이 한꺼번에 뭉치로 들고 내렸던 것이다. 오늘은 하늘도 푸르고 맑다. 이기령에서 바라본 조망은 벌써 산 중턱을 온 것처럼 해발이 높다.

가파른 황톳길을 20여 분을 걷다 보니 어느새 이기령 안내 표지목이 2.3km를 가리킨다.

매번 그렇지만 백두대간 등반을 하면서 힘든 것은 금방 잊는다. 오늘도 주변이 생동감이 넘쳐 보였다. 상쾌한 아침의 파란 하늘과 파릇파릇한 초록 빛깔 나무, 푹신한 솔잎의 흙길바닥, 그리고 소나무 숲을 걸어가는 동안 내내 웃음꽃이 피었다.

상원산 안내 표지목까지 1시간 40분 예상 소요 시간이다. '새로운 시도' 하나 더 있다. 스냅 사진 위주로 기록을 남겼지만 오늘은 첫 동영상을 시도하였다. '스냅 사진과 동영상'을 번갈아 찍기에 분주했다. 선두는 이기령에 도착해 휴식을 취하고 있었다. 2.3km의

경사 길을 오르는 동안 얼굴엔 땀이 송골송골 맺혀 있고 가쁜 숨을 정돈하고 스냅 사진과 동영상 촬영을 하면서 시간적 여유를 가지고 충분한 휴식을 취한 다음 원방재를 향해 발길을 옮겼다.

400m가량은 흙길과 숲길로 부담 없이 편안했다. 자연 속을 걸으며 봄을 만끽하고 지척에 널려 있는 진달래도 보면서 여유롭게 진행하는 등로길이 마음까지 평화롭고 행복하게 해주고 있었다.

부지런히 선두를 따라갔다. 이해영 님도 풍경을 담기에 여념이 없었다. 사진을 찍고 나서 잠시 포즈를 취했다. '찍어 주시게' 나는 동영상을 찍고 있었다. '동영상 안 좋아해요' 라고 웃음으로 대신했다.

얼마쯤 걷다가 최미란 님과 이시형 님이 경치 좋은 곳에서 가던 길을 잠시 멈춰 있었다. 나를 기다리고 있었던 모양이다. 최미란 님과 이시형 님이 인증 사진을 찍고 싶었나 보다. 경치 좋은 곳을 향해 자리를 잡고 포즈를 취해 인증 사진과 동영상을 번갈아 찍어 주고 선두팀을 따라가기 위해 서둘렀다.

번갈아 가면서 스냅사진과 동영상! 한 순간도 놓치기 싫어서 분주했다. 이해영 님이 능동적으로 멋지게 포즈를 취했다.

날씨는 화창하고 파란 하늘에 두둥실 떠 있는 구름과 경치가 어우러진 모습에 마음까지 평화롭게 해 주고 있었다. 선두는 오늘도 시야에서 보이지 않는다. 원방재까지는 가파른 오름길이다. 이시형 님도 아직은 탈 없이 잘 가고 있다. 이시형 님 뒤를 이해영 님이 따라가며 산행의 기초를 알려주며 함께 보조를 맞춰 걷고 있었다. 낮 12시 5분 원방재에 도착하니 선두는 후미 팀을 기다리며 휴식을 취하고 있었다. 12시 12분 휴식도 잠시 백복령을 향해 출발했다. 2.2km가량은 가파른 된오름길을 올라가야만 했다. 진달래 꽃길을 한참 걸어 오후 1시 5분 1,022봉 헬기장에 도착했다. 선두팀은 미리 도착해 기다리고 있었다. 이곳에서 휴식과 함께 점심 식사 장소로 삼았다.

점심 메뉴는 컵라면으로 준비했다. 배낭에서 주섬주섬 꺼내 놓았다. 갑자기 들려오는 '라면 어디 있어요?'라는 말에 순간 깜짝 놀랐다. 배낭을 다시 뒤적거렸다. 하지만 없었다. 그 순간 황당했다. 안 가져왔구나 생각을 했다. 그런데 일명 코끼리 가방을 열어 보았는데

컵라면 6개가 가지런히 놓여 있었다. 그 순간 희망이 보였다.

 40분가량 간단한 컵라면으로 식사를 마치고 오후 1시 52분 백복령을 향해 오후 산행을 이어 가 안내 표지목은 백복령 5.0km를 가리킨다. 단체 인증 샷을 찍고 백복령을 향해 GO! GO! 앞으로 백복령까지 완만한 길로 부담 없는 하산길이라 가뿐히 1.5km을 왔다. 안내 표지목이 백복령 3.5km를 가리킨다. 어느덧 목적지 백복령이 코앞에 있다. 여유롭게 걷고 일행들을 불러 일렬종대로 세워 인증 샷! 우린 이렇게 즐거운 마음들을 가지고 추억 하나 만들며 백복령으로 마지막 발길을 옮겨 오후 4시 날머리 백복령에 도착했다. 12.9km 6시간 30분 소요된 1박 2일의 첫날 이기령~백복령 코스를 무사히 마치고 펜션으로 귀가하는 시간, 펜션 사장님이 트럭을 가져오셔서 트럭 짐칸에 올라 시원한 바람에 머리카락을 휘날리며 마지막 대미를 장식하게 되었다. 펜션에 도착해 오늘 여정을 풀고 휴식을 취했다.

 저녁 식사는 미리 준비해온 토종닭에 버섯을 가미한 백숙을 압력밥솥에 삶고 마지막에 누룽지죽까지 넣어 맛나는 식사를 하고 내일 산행을 위해 이른 시간에 취침에 들었다. 이튿날 새벽 3시 30분 기상! 새벽 5시 출발 예정이다. 기상소리와 함께 분주하게 모두 일어났다. 오늘은 구간거리 18.31km를 가야 하는 날이다. 차를 타고 백복령으로 이동했다. 새벽 5시 17분 주변은 아직 어둡고 새벽 공기가 차갑다. 찬바람이 불어 더욱 춥게 느껴진 모양이다.

15분 정도 걸으니 아침이 밝았다. 삽당령으로 향하는 발길은 가볍다.

새벽 5시 34분 오늘도 선두는 허성찬 님과 이태웅, 이시형, 최미란 님 그 뒤를 내가 따르고 이해영 님이 뒤를 지켜 주고 있다.

생계령까지는 완만한 내리막길을 일렬횡대로 앞서 걷는 모습들이 힘차고 발걸음이 가벼워 보였다. 829봉과 931봉 2곳과 석병산까지 오늘 코스중 난코스로 꼽힌다. 그중 제일은 931봉으로 경사가 240m는 직각으로 세워진 형상의 지도, "믿지 말자" 하고 농담 삼아 얘기했다. 편안한 아침 산행이었다.

백두대간을 등반하는 동안 일출을 16번을 보았다. 초, 중반 때 일

이다. 요즘은 거의 일출을 보지 못했다. 오전 6시 10분쯤 능선 너머로 찬란한 태양을 카메라에 담았다.

오전 6시 51분 철탑(46번)에 도착했다. 아침 바람이 차갑다.

아침 식사 장소는 조금이나마 바람을 피할 곳을 찾았다. 옹기종기 모여 앉아 아침 대용으로 펜션에서 준비한 주먹밥 2개씩 처음 맛보는 주먹밥은 의외로 간단하게 한 끼 식사로 안성맞춤이었다. 아침 식사를 하고 다음 구간을 향해 출발했다. 식사 후 산행을 이어 가는 중 허성찬 님 컨디션이 안 좋아 보인다. 처음 있는 일이다. 오전 7시 20분 생계령을 지나 첫 번째 난코스 829봉을 힘겹게 올라갔다. 최미란 님은 잘 올라간다. 언제나 그렇듯이 뒤따라갔다. 첫 번째 난코스를 지나 1km가량 평지를 걸어 드디어 맞닥트린 931봉! '직각경사'라고 해도 과언이 아니었다. 꾸준히 올라갔다. 이곳을 올라오는 도중엔 걷기 바빠 인증 샷도 못 찍었다.

힘든 만큼 희열도 크다. 가장 난코스 중 하나인 '직각 경사?' 정상에 도착하니 눈앞에 펼쳐진 풍경에 모두가 감탄사를 터트린다. 그리고 이해영 님의 얼굴이 환해 보여 보기가 좋았다.

오전 8시 30분 오랜만에 931봉 정상에서 '행복한 도전' 플래카드를 들고 모두 밝은 웃음으로 인증 샷! 정상에서 바라보는 수많은 능선들과 풍경을 마음껏 감상하고 삽당령으로 향했다.

오전 9시 33분 고병이재에 도착해 잠시 휴식을 취했다. 선두와 후미는 보이지 않는다. 최미란 님과 나는 번갈아 가며 인증 샷!을 찍었고 마지막 난코스 석병산을 향해 바로 출발했다. 어느덧 안내 표지목이 석병산 0.6km를 가리킨다. 마지막 힘을 다해 한 걸음 한 걸음씩 올라갔다. 좌측으로 가면 두리봉이다. 선두는 잠시 멈춰 섰다. 허성찬 님이 배낭과 의자를 바닥에 놓고 석병산 쪽으로 걸어갔다.

신세계가 열렸다. 기암괴석이 한눈에 들어왔고 탁 트인 사방은 힘든 여정을 한순간에 날려 보냈다.

허성찬 님과 이태웅 님 그리고 이시형 님까지 일월봉의 '일출문'을 보기 위해 이동하고 우리는 이곳에서 인증 샷을 찍었다. 탁 트인 조망을 보고 나니 기분은 상쾌하고 가야 할 거리는 6.2km만을 남겨 둬 시간도 여유로웠다. 오전 11시 6분 점심 식사할 시간은 이르긴 했지만 이곳에서 간단히 컵라면으로 식사를 하기로 했다.

간단한 식사를 하고 푹 쉬었다 출발하자는 얘기가 나오기 무섭게 응달진 곳을 찾아 잠시 무거운 눈꺼풀을 내려놓았다. 충분한 휴식도 취하고 많은 시간을 이곳에서 보내고 출발 소리에 짐을 챙기고 오후 12시 13분 두리봉을 향해 오후 산행을 시작했다.

허성찬 님이 몸 상태가 안 좋다. 좀처럼 회복이 안 되는지 웃음도 줄고 혈색도 안 좋아 보이고 힘들어 보였다.

잠시 후 두리봉까지는 오르내림이 반복되는 구간이다. 오전 산행 길은 봄기운을 느낀 진달래 밭을 지나왔다면 오후 산행 길은 길 양쪽에 파릇파릇한 산죽들이 줄지어 빽빽하게 늘어서 있다.

35분가량 갔을 무렵 결국 허성찬님 몸 상태가 안 좋아 가던 길을 멈추고 이해영 님이 급하게 응급 처치를 시작했다.

결국 허성찬 님 몸 상태가 극도로 안 좋다. 회복할 기미가 안 보였다. 이해영 님이 응급 처방에 들어갔다. 손발을 따기 시작한 후로 다행스럽게 트림을 하고 창백했던 얼굴색도 돌아오고 호전이 되어 차츰 회복이 되었던 것이다. 오전 내내 아픈 몸을 이끌고 자신과의 싸움을 해 가며 이곳까지 참고 왔던 것이다. 심하게 체한 듯싶었다.

다행스럽게 호전된 상태로 막바지 힘을 내서 삼당령을 향해 출발했다. 오후 1시 27분 두리봉에 도착! 쉬지 않고 지나쳤다.

여전히 선두는 허성찬 님과 바짝 뒤를 따라가는 이태웅 님 그리고 최미란 님. 점점 걷는 속도가 빨라지고 있었다. 오후 2시경 줄지어 빽빽하게 늘어서 있는 산죽들 가운데서 세 분의 인증 샷을 찍었다.

산죽들이 어깨 높이만큼 높았다. 최미란 님을 불러 세워 인증 샷을 찍었다. 그러나 금세 허성찬 님은 시야에서 멀어져 안 보였다.

주저한 사이 허성찬 님은 시야에서 보이지 않아 속보 걸음으로 갔다. 오후 2시 5분 안내 표지목이 삼당령 2.3km를 가리킨다. 잠시 이곳에서 휴식을 취하고 다시 출발, 얼마쯤 가다 삼각점 안내 표지목 앞에서 인증 샷을 주고받으며 후미 팀을 기다렸다. 지금까지는 3km가량이 완만한 내리막길이었다면 앞으로 1.6km는 힘겨운 급경사 내리막길이 예상되었다. 이시형 님은 내리막 계단 길을 내려가야 할 때면 무릎 통증으로 힘들어하지만 그 외는 힘차게 잘 간다.

선두를 바쁘게 따라갔다. 얼마 후 허성찬 님과 이태웅 님이 우리를 기다리고 있었다. 알고 보니 이태웅 님이 계속 허성찬 님을 바짝 뒤를 따라갔던 것은 이번 코스에 '알바'를 할 수 있는 길이 몇 군데 있었던 것이다. 마침 마지막 위치가 바로 이곳에서 멈춰서 우리를 기다리고 있었던 것이다. 오후 2시 41분 삽당령 0.3km를 가리킨다.

마지막은 급경사 목재 계단이다. 내려가는 내내 신경을 쓰고 내려가야만 했다. 자칫 한눈팔면 큰일 날 수가 있기에 조심조심 내려갔다. 그리고 한편으로 이시형 님이 생각났다. 드디어 오후 3시 삽당령에 도착, 이시형 님이 무릎이 아파 한쪽 다리를 절면서 거수경례로 완주했음을 알린다.

백두대간 '삽당령' 표지석에서 인증 샷으로 오늘의 1박 2일 행복했던 산행 일정을 마무리 지었다.

33구간

(2017.05.13-14.)

1박 2일 첫째 날

기대와 설렘은 계속되었다. 두 번째 1박 2일, 첫 번째 1박 2일 기억이 좋다. 다시 1박 2일을 시도했다. 지난번 정선군 백봉령 근처 펜션, 오늘은 강릉시 왕산면에 위치한 펜션. 우리들만의 작은 사치, 우리에겐 그럴 자격이 충분했다. 누적 구간 634.377km.

백두대간 33구간, 삽당령~대관령까지 두 번째 1박 2일로 이해영, 이태웅, 최미란, 이시형 님과 5인은 강릉시 왕산면 목계리에 위치한 펜션으로 향했다. 몇 구간을 함께했던 허성찬 님은 건강상 이유로 참석하지 못했다. 오전 7시 20분 펜션에 도착해 방 2칸에다 짐을 풀고 아침 식사를 하기 위해 동네에서 운영하는 식당으로 향했다. 시골밥상으로 아침을 든든히 먹고 삽당령으로 향했다.

삽당령~석두봉~닭목령~고루포기산~능경봉~대관령까지 27.5km는 1박 2일 코스로 부담 없는 일정이었다.

우리는 복(福)도 많다. 펜션 사장님이 백두대간 등반하는 마음을

이해해 주셔 주인 차량으로 삽당령까지 태워다 주셨다.

지난 구간과 이번 구간에는 동영상 위주로 촬영하기로 마음먹고 오전 8시 45분 산행을 시작했다.

모두를 챙긴다. 이해영 님의 솔선수범하는 행동들이 매번 감동을 준다. 산속으로 들어서면서 생동감이 넘쳐 보였고, 상쾌한 아침, 초록 빛깔 나무들…

5인은 흙길을 따라 출발했다. 얼굴에는 한결 여유로움이 묻어있다. 나에겐 즐거움이 하나 더 생겼다. "기록을 남기고 싶고" 기록을 남겨서 행복했다. 아무튼 힘든 일상에서 벗어난 시간과 행동 하나하나 모든 것이 행복이고 즐거움이다. 오늘도 동영상으로 동료들의 생생한 기록을 남기려고 노력했다. "스냅 사진과 동영상"을 번갈아 가며 촬영하느라 분주했다. 어느새 삽당령 안내 표지목이 1.3km 지나왔다고 알렸다. 녹음이 우거진 숲속 길은 편안했다. 출발한 지 1시간이 넘었지만 힘든 길 없이 편안함의 연속이었고 얼굴에는 여유로움이 있다. 오전 10시 12분 안내 표지목이 닭목령 11.2km를 가리킨다. 이곳은 1쉼터, 2쉼터로 구분이 되어 있다.

가다 보면 자동으로 쉼터에서 휴식을 취했다. 시간도 여유롭다. 때론 시간에 쫓길 때도 있지만 오늘은 한가롭게 여유 있게 산행을 이어 갔다. 오전 10시 39분 제2 쉼터에 도착, 2쉼터에는 산꾼들을 위해 수면 의자가 설치되어 있었다. 처음으로 독특한 의자를 보았다. 누군가의 착한 배려 덕분에 우린 잠시나마 편안한 시간을 보냈다.
 달콤한 휴식을 취하고 닭목령으로 발길을 옮겼다. 30분가량 걸어 발 닿은 곳, 하늘을 향해 가파른 목재 계단이 눈앞에 보이고 시야에 보이지 않았던 선두팀 이시형 님과 이태웅 님이 석두봉 바로 못 미친 목재 계단 중턱에서 스틱을 번쩍 들어 반가움을 표시하며 환호하는 모습을 카메라에 담아 주고 함께 오름길을 올랐다. 시작하면 금방 시간이 지나 어느새 안내 표지목이 닭목령 8.5km를 가리켰다. 오전 11시 29분 석두봉(982m) 정상에 도착했다. 정상석 뒤편 울타리에 대간 선탑자 분들 시그널리본들이 주렁주렁 묶여 있고 이 모습 또한 대간을 걷고 있는 팀들에게나 우리들에게도 한 폭의 그림으로 다가왔다.

정상석 앞에 사랑하는 아내 최미란 님과 단둘이 얼굴 마주 보며 활짝 웃고, 바라보아서, 바라볼 수 있어서 행복했고, 웃어서 행복했던 순간! 짓궂은 우리 동료들의 말, 더 가까이 가까이~~

석두봉에서 바라보는 아름다운 강산들을 가슴 깊이 담으며, 또 하나의 아름다운 추억을 가지고 다음 목적지 닭목령을 향해 출발했다.

울창한 숲은 눈과 마음을 편안하게 해 주었고 걷고 있는 흙길은 편안함을 더해 주고 일행들 얼굴엔 힘든 기색 하나 없다. 걷고 있던 길목에 터를 잡고 점심 식사를 하기로 했다. 오늘 점심 메뉴는 골뱅이 무침, 그런데 야채와 함께 당연히 버무려야 했다. 코펠을 준비했지만 양이 많아 야채만 담아도 꽉 차서 버무릴 수가 없었다.

그 순간 등장한 무언가? 이해영 님의 재치 있는 행동! 아주아주 커다란 녹색 비닐 봉투를 꺼내 보였다. 그 순간 놀란 표정과 한바탕 웃음들! 준비해 온 야채, 골뱅이 소면을 함께 비닐봉투에 투하, 비주얼도 최고, 맛도 최고 더불어 맛도 비비고~ 행복도 비비고~~~

1시간 가까이 행복한 휴식을 취하고 얼마 남지 않은 닭목령을 향해 발길을 옮겼다. 오후 산행을 하면서 갑자기 자욱한 안개가 등로 길에 퍼지면서 깊은 산속 울창한 숲속에 묘한 분위기가 연출되는 모습에 자연의 신비로움과 이 길을 걷고 있는 지금 순간들이 너무나 행복하다 라는 생각을 하며 걷고 있는 중 갑자기 최미란 님이 조심하라는 말이 떨어지기도 전에 '으~악' 소리, 나뭇가지가 나를 향해 자리를 잡고 있었다. 정신을 팔고 있던 중 봉변을 당할 뻔했다. '다행~다행~스럽다.' 그렇게 30여 분을 걸었다. 백두대간길 한편에 자그만 돌탑을 지나 어느새 제9쉼터 앞에 도착했다. 오후 2시 40분 편안하게 아주 잘 왔다.

이태웅 님은 벤치에 누워 휴식을 제대로 즐긴다. 이시형 님은 셀카에 열중하고 이해영 님은 고독(?)에 잠긴다.
닭목령 2.1km 안내 표지목 앞에서 단체 인증 샷! 그리고 각자 가장 편하게 휴식을 마치고 힘을 다해 목적지로 발길을 옮겼다.
이해영 님이 어느 지점 맨 앞에 서서 우리들의 모습을 인증 샷! 함성이 요란했다. 도착했다는 즐거움의 함성! 모두의 얼굴엔 화색이 돌았다. 오후 3시 45분! 날머리 닭목령에 도착했다. 백두대간 '닭목령' 표지석 앞에서 인증 샷! 오늘의 1박 2일 첫 일정을 마무리 짓고 펜션으로 향했다.

둘째 날

닭목령에서 대관령까지 14.8km 코스다. 오전 7시 45분 닭목령 표지석 앞에 도착했다. 첫날은 편안한 산행의 맛을 보았고 오늘은 전날보다 다소 어렵긴 하지만 그래도 다른 구간보다 훨씬 쉬운 구간에 들어갔다.

시선이 나에게로 몰렸다. 시작 전 파이팅! 구호를 하기 위해 모여

야만 했다. 그러나 나는 동영상을 찍고 있었다.

강풍주의보로 세찬 바람이 불고 있어도 일정대로 출발했다.

1시간가량을 걷고 또 걸었다. 이시형 님을 선두로 이태웅 님이 뒤를 따르고 최미란 님 뒤는 당연히 내가 자리 잡고, 이해영 님은 오늘도 뒤를 지켜 주고 있었다. 길을 걷다 보니 어느새 안내 표지목이 닭목령 3.4km를 지났다고 알렸다. 왕산제 2쉼터 1.7km를 향해 출발. 시간이 지나면서 바람은 더욱 세차게 불었다. 오래 쉴 수가 없었다. 바람이 세차게 불어 바위 뒤편으로 피신해 휴식을 취하기도 했다. 이곳은 청단풍나무가 유독 많이 있다. 바람막이를 입고 왔는데 좀처럼 벗을 기회를 안 준다. 그만큼 날씨가 예상 밖으로 춥다. 휴식을 충분히 취하고 다음 행선지 고루포기산을 향해 출발했다. 오전 9시 51분 안내 표지목이 고루포기산 1.3km 남았다고 알린다. 어제 펜션에서 문을 열어 놓고 잠이 든 것 때문일까? 최미란 님 머리가 아프다고 하면서 컨디션이 안 좋아 보였다.

최미란 님이 한 걸음, 한 걸음 발걸음이 힘겨워 보였다. 얼굴엔 웃음기가 없다.

선두는 발걸음이 무척 빠르다. 잠시 한눈파는 사이, 시야에서 보이지 않았다. 따라잡기가 몹시 힘들다. 그래도 열심히 따라가 선두를 불러 세운다. "뒤돌아보세요!" 하면서 인증 샷! 그래야만 휴식 시간 외 잠시 모인다. 드디어 고루포기산(1,238.3m) 정상석 앞에 모두 모였다. 오랜만에 플래카드를 꺼내 단체 인증 샷! 안내 표지목이 능경봉 5.3km를 가리킨다. 출발 시간 오전 10시 25분. 1km 남짓 걸었다. 전망대 안내 표지목을 만났다. 전망대 갑판에 올라가 시원한 바람을 맞이했다.

최미란 님이 컨디션 회복이 더디다. 동료들이 걱정을 했다. 힘내요! 내 사랑~~~

시간이 여유로워 충분한 휴식을 취하고 오전 10시 53분 다시 능경봉과 대관령을 향해 출발했다. 등로길 옆에 나타난 연리지나무(나무 두 그루가 자라면서 합쳐진 나무)를 잠시 감상하고 발길을 옮겼다. 횡계치까지 내리막길이다. 샘터 안내 표지목앞에 멈춰 섰다. 전망대 1.6km 지나왔고 행운의 돌탑 2.4km를 가리킨다. 걷고 또 걸었다. 어느새 샘터 0.8km를 지나 능경봉까지 1.9km밖에 안 남았다. 선두와 이해영 님은 시야에서 보이지 않았다. 나는 최미란 님 뒤를 줄곧 따라갔다. 행운의 돌탑 0.6km를 가리킨다. 일반적인 돌탑이려니 생각했다. 오후 2시 행운의 돌탑을 향해 한 걸음 다가갔다.

최미란 님의 뒤에서 지켜보니 기운이 없어 보였다. 발걸음도 무거워 보였고 몹시 지친 모습이었다. 천천히 걸어가더니 땅에서 힘겹게 돌 하나를 주워 계단을 터벅터벅 올라가 돌탑에다 올려놓고 가는 모습을 지켜보았다. 도움을 못 줘 안쓰러운 생각이 들었다.

돌계단을 지나 10여 분을 걷다 보니 오후 1시 11분 능경봉 정상에 도착해 주변을 둘러보니 강릉시가 한눈에 들어왔다. 우린 한참을 능경봉 정상에서 웃음꽃을 피워 가며 즐거운 시간을 보냈다. 다행히 최미란 님의 머리 아픔도 차츰 회복되고 있어 무거웠던 마음이 풀리기 시작했다.

개구쟁이 같은 행동을 하는 이태웅 님을 보았다. 강아지 목끈을 어디서 주웠는지 이시형 님 배낭 뒤에 묶은 모습을 보니 한바탕 웃음을 지었다. 나는 동영상에 고스란히 담았다.

헬기장에서 5인의 단체 인증 샷을 모처럼 남겼다. 대관령까지 1.6km 남았다. 가는 동안 내내 바람은 더 세차게 불었다.

최미란 님을 불렀다. 자기야~ 자기야~ 닭살 멘트에 최미란 님이 웃음으로 답례했다.

　오후 2시 영동고속도로 기념비 앞에 도착하니 사람이 옴짝달싹 못할 정도로 강풍이 불어 겨우 기념사진을 남기고 광장 계단 길로 향했다. 지난주 강릉 산불로 숲이 우거진 살림들이 커다란 피해를 입은 모습을 정상에서 바라보니 시커멓게 탄 많은 피해에 안타까운 생각이 들었다. 지금처럼 몰아치는 강풍에 더 큰 피해를 입었다는 보도였다. 어제 코스보다 거리는 긴데 시간은 단축됐다. 대관령 영동고속도로 옛 휴게소 공터에 택시는 이미 도착해 우리를 기다리고 있었다. 1박 2일 백두대간을 산행하는 동안 행복했고 즐거운 산행이었다.

34구간

(2017.05.26-27.)

두 번의 1박 2일 대 성공! 일출을 오랜만에 보기 위해 계획에 나섰다. 이번에도 처음 시도되는 상황이다. 금요일 밤 8시30분에 모였다. 일출을 희망하며 행복한 도전에 나섰다. 누적 구간 658.477km.

백두대간 34구간, 대관령~진고개까지 이해영, 최미란, 이태웅, 이시형 님과 한동안 참석 못했던 이혜련 님이 합류해 6명은 대관령으로 향했다. 밤 12:30분 대관령 옛 영동고속도로 휴게소 광장에 도착했다. 대관령~새봉~곤신봉~매봉~소황병산~오대산노인 봉~진고개까지 24.10km이다.

지난 두 번의 동영상 위주의 촬영! 대성공. 더욱 탄력을 받았다. 처음엔 부족했다. 점점 나아지고 있었다. 동료들의 관심과 칭찬에 더욱 힘이 났다. 오늘은 다른 방법을 연구해 좀 더 재미있고 지루하지 않도록 기록을 남기길 고민했다. 결과물을 생각하면 즐겁다~

6인은 대관령 광장에 모였다. 대관령 옛 영동고속도로 대관령휴게소 주차장에는 가로등 하나 없어 바람 소리와 주변에 풍력발전기

돌아가는 소리만 고요한 적막 속에 울려 퍼지고 칠흑 같은 어둠으로 랜턴으로 주변을 밝히며 산행 준비를 시작했다.

일출을 볼 수 있기를 기대하며 밤 12시 30분 진고개를 향해 출발했다. 나지막한 목재 계단을 지나 흙길을 걸어 40여 분이 지날 무렵 처음으로 선자령 2.6km를 가리키는 안내 표지목이 나오고 한순간도 놓치기 싫어 동영상에 담았다.

까만 하늘엔 별들이 무수히 많다. 우리를 마중 나온 듯했다.

야간 산행 때는 흐트러짐 없이 랜턴 불빛을 앞사람 발을 비춰가며 함께 걷는다. 야간에는 항상 선두에선 이해영 님이 속도 조절을 하면서 뒤에 따라가는 사람이 조금이라도 거리가 생기면 앞에서 속도를 줄여 대열을 유지시켜 주며 완만한 경사 길을 걸어갔다.

낮 같으면 푸른 초원도 보이고 경치도 감상할 수 있겠지만 야간 산행은 그저 앞사람만 보면서 오로지 걷는 것에만 집중한다.

까만 하늘엔 별들이 무수히 많더니 30여 분 지났을까? 새벽 1시 50분 까만 하늘 너머로 붉은 하늘이 보인다. 해 뜨기 전초전인가보다.
바람은 세차게 불어왔다. 대관령 풍력발전기들이 밀집된 이곳 발전기는 바람에 하염없이 자기 할 일을 하고 있다. 한참을 정신없이 걸어 새벽 2시 무척이나 큰 정상석이 백두대간 선자령임을 알린다. 잠이 밀려오는 시간 피곤할 만도 할 터인데 피곤한 기색은 아직 보이지 않고 일행들 입가엔 생글생글 웃음이 살아 있다.

소황병산 가기 직전까지는 그다지 굴곡이 없는 완만한 높낮이의 길을 우린 걷고 또 걸어갔다. 새벽 4시 18분, 동트기까지 한 시간 정도 남았다.

그 순간 동트기 전 어둠 속에 나타난 파란 광채가 멋스럽게 보였다. 이 순간을 놓치기 싫어 연신 동영상에 가득~가득 담았다.
그렇게 언덕길을 따라가며 동영상 촬영을 했고 언덕길을 넘을 무렵 땅은 어둠으로 검정색, 하늘엔 파란색, 땅과 하늘 경계엔 붉은 빛들이 꿈틀대고 있었다. 그 한가운데 우리 동료들이 랜턴 불빛을 비춰 가며 걸어가고 있다. 환상적인 조화인 듯싶었다.

새벽 4시 25분 하늘은 점점 더 붉은 빛을 발하고 있었다.

새벽 4시 32분 벌써 능선 너머로 붉게 보이는 새로운 아침의 기운, 이런 분위기의 독특한 맛을 느낄 수 있어 좋다.

우린 첫 번째 통제구간에 맞닥뜨렸다. 방법이 있다. 이태웅 님이 철저한 조사와 계속적인 관심을 코스에 신경을 내려놓지 않았던 것이다. 샛길을 찾았다. 최미란 님과 이혜련 님이 자석처럼 붙어 있다. 먼저 샛길로 접어들 무렵 나를 불렀다. 걱정이 된 모양이다. 항시 늦게 와서 말이다. 점점 시간은 흘러 능선을 지날 무렵 붉은 여명이 선명하게 보이기 시작했다. 새벽 4시 46분, 여명이 밝아 오기 시작했고 이곳에서 연신 사진을 찍고 놀이터를 만난 어린아이들처럼 얼굴엔 순수함이 묻어 있었다. 피곤할 터인데 밝은 얼굴로 시야는 모두 붉은 여명을 함께 바라보고 있었다. 새벽 공기는 아직 차갑고 동트기까지 30여 분을 기다려야 했다. 우린 다시 출발하고 발길은 바빠졌다.

새벽 4시 56분 발길은 바쁘다. 몇 분만 지나면 동트는 모습을 볼 수 있다는 기대감에 부풀어…… 예상은 지나갔다. 해돋이 볼만한 장소가 없었던 것이다. 숲으로 시야가 가려져 있어 결국엔 붉은 여명만 보는 것으로 만족했다.

새벽 5시 6분 나무숲 사이로 해가 레이저 광선처럼 비추고 있었다. 아쉽다. 하지만 아쉬워할 필요가 없다. 우리에겐 언제나 '도전과 희망'이 있기 때문에 실망하지 않는다. 해 뜨는 것도 보았으니 아침 식사 장소로 이곳을 선택하고 이해영 님이 김밥을 준비해 왔고 신당동 떡볶이도 준비했다. 새벽 5시 26분, 새벽 날씨가 너무 추워 편하게 식사를 할 수가 없었다. 식사 겸 휴식을 취하고 아침 6시 7분 산행을 이어 갔다. 어느덧 해는 중천에 떠있다. 잠시 멈춰선 곳 '되돌아 가시기 바랍니다'가 쓰여 있는 출입 금지 안내 표지목 앞에 서 있었다.

한동안 백두대간길에 합류를 못한 이혜련 님이 힘겨워하는 모습을 종종 보게 되었다. 힘들어서 어떡하지? 오랜만이라 덜 적응이 되어서 그런 듯싶었다.

잠시 휴식을 취하고 이어지는 산행 길 커다란 바위에서 뿌리를 제대로 뻗지 못한 나무 여러 그루가 함께 쓰러져 있었다. 이시형 님이 으라차차 하면서 쓰러진 나무를 일으켜 세우고 커다란 통나무와 큰 돌들을 가져와 쓰러진 나무들이 뿌리를 내려 살 수 있길 바라는 마음으로 고정을 시켜 주었다. 참으로 대단했다. 한참 전 구간에 시그널리본을 보고 직진하여 알바를 한 때가 있었다. 되돌아와서 다른 백두대간 팀들을 생각해 커다란 돌과 나무로 알바길을 차단했던 이태웅 님이 생각났다. 아무튼 우리 팀들은 남을 배려하고 자연을 아낄 줄 아는 마음들이 예쁘다. 오전 7시 15분 시야가 탁 트인 푸른 초원이 보이는 이곳에서 휴식을 취했다. 하늘은 파랗고 초록 들판에 매료되었다.

이혜련 님과 최미란 님은 연신 사진 놀이에 집중한다. 이 멋진 곳

에서 그냥 가면 예의가 아닌 듯싶었다. 이혜련 님이 하늘을 바라보는 뒷모습의 포즈, 그리고 최미란 님이 곧바로 따라 했다.

　한참을 사진 놀이에 빠져 시간 가는 줄 몰랐다. 꿀맛 나는 휴식을 취하고 오전 7시 45분, 노인봉을 향해 출발했다. 아득히 먼 곳에 노인봉 정상이 보이고 능선을 따라 선두엔 이시형 님과 이태웅, 최미란, 이혜련 님 순으로 걷고 있었다. 한참을 걸어 강릉 소금강에서 올라오는 등산로와 만나는 지점에서 선두 팀이 우측으로 빠져 대피소 방향으로 진행하고 있었다. 선두 팀을 따라가다 주춤한 사이 선두 팀과 멀어지고 이해영 님이 안내하는 길로 따라갔다. 글쎄? 이 길이 지름길이었던 것이다. 한참을 단축시켰다. 난 먼저 길목에 도착해 하산했다 다시 올라오는 선두팀을 계단에서 만나 다 함께 오전 9시 13분 노인봉 정상에 올랐다. 노인봉 정상에 도착, 맑은 하늘과 조망에 감탄사가 절로 나온다. 올 1월 겨울에 다녀갔던 겨울 산 분위기와는 또 다른 모습으로 사방이 탁 트인 조망과 파란 하늘에 흰 구름이 둥실둥실 떠다니고 이처럼 맑은 하늘을 감상할 수 있다는 것에 눈이 호강을 했고 산행을 할 수 있는 건강한 몸이 있다는 것에 또 한 번 감사함을 가져 보는 시간이었다. 밤새 힘들게 걸어온 보람을 느끼는 순간이었다. 노인봉 정상에는 몇 분의 산꾼들과 산행을 하기에는 제법 연세가 지긋하신 노부부가 올라오셨다. 덕담인사를 나누고 나니 노부부가 하시는 말이 젊어 좋겠다. 대간 중이라는 말에는 다소 부럽다고 하시면서 우리는 나이가 많아 이번 산행이 마지막 같다 라는 말씀에 왠지 모르게 가슴이 뭉클해짐을 느끼면서 인사를 나누고 그 자리를 떠났다.

최미란 님이 곧바로 사진 포즈 모드에 들어갔다. 오른손으로 저 곳을 향하여 가리킨다. 웃는 모습이 아름답다.

오전 9시 26분 앞으로 남은 거리 4.0km 날머리 진고개를 향해 출발했다. 진고개까지는 평탄한 길과 내리막길에는 데크 계단으로 정비가 잘 되어 있었다. 진고개탐방지원센터 안내 표지목이 2.8km 를 가리킨다. 주변은 나무들이 녹색잔치에 여념이 없다. 1시간 30분을 걷고 또 걸었다. 어느덧 마지막 긴 데크 계단을 내려왔다.

오전 10시 47분. 이곳부터 선두에 최미란 님과 이혜련 님이 시야에서 보이지 않았다. 참 잘 간다. 그 뒤로 이태웅 님이 뒤따라갔다.

난 동영상 촬영에 집중하며 걷고 있었고 이해영 님과 이시형 님은 담소를 나누며 사이좋게 걷고 있는 모습이 평화롭게 보이고 걸어가는 내내 주변 분위기에 매료되었다. 멋진 풍경이었다.

오전 11시 이른 시간 진고개 휴게소에 도착했다. 점심을 먹기 위해 1월에 들렀던 초원집에 닭백숙을 예약했다. 백두대간 등반 마무리는 닭백숙! 우리는 즐겁고 행복한 산행과 맛나는 음식으로 백두대간 34구간을 마무리했다.

35구간
(2017.06.10-11.)

앞선 두 번의 1박 2일 대성공! 한 번 더 도전하는 날로 삼았다. 김호연 님이 산행은 함께하지 못하지만 차량 이동에 큰 보탬을 주었다. 10시간 20분 소요 예정, 야간 산행과 일출을 한 번 더 희망하며 행복한 도전에 나섰다. 누적 구간 680.377km.

백두대간 35구간, 진고개휴게소~구룡령까지 이해영, 이태웅, 최미란, 이혜련, 이시형, 김호연 님과 7인은 진고개휴게소로 향했다.

진고개휴게소~동대산~차돌배기~두로봉~신배령~만월봉~응복산~마늘봉~약수산~구룡령까지 21.90km이다.

진고개휴게소 도착. 랜턴이 어둠을 밝혔다. 입가엔 웃음이 가득했다. 그리고 백두대간 삼각깃발을 배낭에 꼽고 뽐낸 날이다.

새벽 2시 40분에 진고개휴게소 주차장에 모였다. 짙은 어둠을 랜턴으로 주변을 밝혔다. 대간삼각깃발이 바람에 나부낀다. 제법 밤공기가 차갑다. 새벽 2시 45분 분주히 산행 준비를 마치고 김호연 님이 6명의 단체 인증 샷을 찍어 주고 예약된 펜션으로 출발하면서 산행 팀은 나지막한 목재 계단에 첫 발을 디디며 동대산으로 산행을 시작했다. 건강상 대간 산행을 포기하고 산행은 함께 못 하지만 함께 와 준 김호연 님께 미안한 마음과 감사한 마음이 드는 순간이었다.

동대산까지 1.5km(1시간 소요 예정) 해발 500m을 치고 올라가야 했다. 이번 21.9km의 가장 힘든 구간이라 생각했다.

랜턴 불빛을 앞사람 발을 비춰 가며 함께 걸었다. 역시 동대산답다. 시원한 바람이 불어도 온몸은 땀으로 범벅이고 몸은 피곤해도 마음은 건강해지는 기분이 들었다. 하루살이가 랜턴 불빛에 모여들어 숨쉬기조차 힘들게 했다. 하루살이로 불편하지만 짜증 내는 이 하나 없고 불평하는 이 하나 없었다.

오늘 코스의 첫 번째 관문인 동대산에 예정 시간에 도착, 정상석이 1,433m을 가리켰다. 모두의 시선은 밤하늘을 향해 있었다.

동대산 정상에 도착하니 또 다른 백두대간 팀이 텐트를 치고 비박을 하고 있었다. 목적이 하나인 대간 팀과 반갑게 덕담을 주고받고 우리는 다음 구간으로 이동을 시작했다. 동대산을 떠난 지 얼마 후 날씨가 흐려지기 시작하면서 빗방울이 조금씩 떨어지기 시작했다.

배낭에 단 대간 깃발이 나뭇가지에 자주 걸려 곤욕을 치르고 있었다. 다음엔 다른 방법을 연구해야 될까? 고민하게 만들었다.

빗줄기가 굵어지기 시작해 바람막이 모자를 덮어썼다. 옷과 배낭이 젖어도 이 또한 즐거운 산행이었다.

오전 4시 5분 휴식을 취했다. 백두대간을 산행하면서 좀처럼 비를 맞는 일은 드문 일이다. 더욱이 새벽에는 처음 있는 일이다. 눈꺼풀이 무겁다. 최미란 님이 잠시 휴식 시간을 이용해 눈꺼풀도 함께 쉰다.

계속해 이어지는 산행 중 차돌배기에 도착했다. 말 그대로 커다란 흰 차돌바위와 마주하게 되었다. 잠시 감상 후 우리는 다음 구간으로 걸음을 재촉했다. 새벽 4시 50분쯤 숲 사이로 붉은 하늘이 보이기 시작했다. 날씨가 흐려 둥근 해 모습은 보지 못했지만 흐린 날씨에 떠오르는 일출은 또 다른 모습을 보여 주고 있었다.

일출이 한참 떠오르는 모습에 정신을 팔고 바라보고 있는 중에 이시형 님이 휴대폰에서 애국가를 틀어 들려주고 그렇게 우리는 또 하

나에 즐겁고 감동스러운 추억을 가슴에 담고 두로봉을 향해 발길을 옮겼다. 바람막이를 벗기에는 아직 새벽 공기가 차갑다.

걷는 내내 울창한 나무숲으로 조망은 없고 해가 뜨고 난 뒤 겉옷을 배낭에 넣고 두로봉을 향해 걷고 또 걸었다.

오전 7시 19분 동대산 6.7km를 지나 비로봉에 도착했다. 두로봉 방향 왼쪽 화살표와 함께 출입 금지 안내 표지판이 앞길을 막고 있었다.

두로봉을 못 미친 이곳에서 잠시 휴식을 취했다. 오늘 저녁 펜션에서 식사할 주 메뉴는 토종 백숙 두 마리였다. 그런데 사고를 치고 말았다. 김호연 님으로부터 전화가 왔다. 펜션에서 짐을 정리하던 중 닭이 없다는 것이다.

결국 닭을 사무실 냉장고에 너무 잘~ 보관하고 그냥 오고 말았다. 황당했다. 백숙은 물 건너가고 말았다고 생각했다.

잊자 하고 두리봉을 향했다. 이곳은 통제 구간으로 감시카메라가 있어 이해영 님이 확인차 갖고 우리 5명은 신호를 기다리고 있었.

감시 카메라를 피해 오른쪽 길을 선택했다.

당연히 맞는 길이라고 생각해서⋯⋯ 키 작은 작목 구간에 나뭇가지에 걸려 대간깃발이 '걸렸다. 떨어졌다.' 반복했다.

진행하는 길이 이상하다는 신호가 있어 발길을 멈춰. 알바길이 아니길 바랐던 것이 현실이 되고 말았다. 길도 험했다. 더욱 힘든 것은 나뭇가지에 배낭과 대간깃발이 걸려 허리를 숙이는 일이 곤욕이었다. 다시 대간길을 찾아 우린 걷고 또 걸어 낮 12시 4분 힘겹게 만월봉 정상에 도착했다. 이곳에서 점심을 먹기로 했다. 점심 메뉴는 콩국수다.

이시형님이 배낭에서 2L 콩국물을 꺼냈다. 사리 6인분을 준비했다. 역시 시원한 콩국수 맛은 일품이었다. 최고! 최고!

오후 시간이 되면서 햇볕은 강렬하게 내리쬐고 맛있는 콩국수를 먹고 나니 졸음이 왔다. 시간도 여유가 있어 산행을 멈추고 '낮잠'을 취하기로 했다. 꿀맛 같은 낮잠을 자고 나니 피로감이 가신 듯했다. 충분한 휴식도 취하고 가벼운 발걸음으로 구룡령을 향해 출발했다. 울창한 숲으로 강렬한 햇빛을 차단해 주니 그나마 다행이지만 그래도 온몸엔 땀으로 범벅이었다. 어느새 응복산을 지나 어느 지점인지 휴식을 취하고 안내 표지목이 약수산 3.74km를 가리킨다. 오후 2시 14분 산행 12시간을 넘기며 사투를 벌이고 있다. 무척 힘들다. 몇 km만 가면 목적지다. 힘내자!

모두들 지난번 1박 2일 때와 사뭇 분위기가 다르다. 힘겨워하는 모습들이 역력했다. 김호연 님이 양양백숙을 준비해 기다리고 있다.

막바지 힘을 내기 시작했다. 거리가 얼마 남지 않은 약수산까지만 조금만 가면 된다고 생각했다. 그런데 어찌된 일인지 봉우리를 오르고 다음 봉우리를 올라도 나와야 할 약수산은 나오질 않고 시간이 지나면서 점점 더 체력에 한계가 오고 있었다. 약수산까지 지루하고 힘난해 힘겨웠다. 가도가도 좀처럼 거리는 좁혀지지 않았다. 선두인 이태웅 님과 이시형 님은 좀처럼 보기가 힘들다. 휴식 시간이나 볼 뿐이다. 최미란 님과 이혜련 님을 뒤따라갔다. 어느 때부터 일행들은 뿔뿔이 흩어져 있었다. 선두 뒤에 최미란, 이혜련 님 그리고 이해영 님도 합류했고 내가 제일 뒤로 처져 있었다. 체념하듯 선두를 의식하지 않고 아무 생각 없이 걸었다. 안내 표지목이 구룡령 2.16km를 가리킨다. 또 안내 표지목이 나타났다. 구룡령 2.8km를 가리킨다. 한참을 걸었는데 거리가 더 멀어졌다. 약수산 0.5km를 안내 표지목을 지나 오후 4시 50분 드디어 약수산에 도착했다. 선두팀은 약수산에 도착해 휴식을 취하고 있었다.

약수산에서 바라보는 산새와 조망은 지금까지 고생하고 힘들게 걸어온 보람을 느끼기에 충분했다. 멋지고 아름답고 황홀했다.

어느 지점에서 대간깃발을 분실했는데 약수산에 도착할 무렵 동대산에서 만났던 일행들에게 분실한 깃발을 되돌려 받았다. 하지만 모두가 약수산으로 알고 있던 곳이 약수산이 아니었다. 힘이 빠지는 순간이었다. 잠시 휴식을 취하고 서둘러 산행을 이어 갔다. 오후 5시 14분 고대하던 약수산 정상에 힘들고 지루하게 도착했다. 휴식다운 휴식도 취하지 못하고 구룡령을 향해 출발했다. 급경사 내리막 구간이 길고 지루하게만 느껴졌다. 구룡령 안내 표지목이 300m를 가리킨다.

단체 인증 샷! 곧바로 사진 포즈에 들어갔다. 고생한 만큼 행복은 두 배 기쁨 또한 두 배인 듯했다.

오후 5시 46분 구룡령에 도착했다. 산행 15시간 고생스러웠지만 우리는 또 한 구간을 조그만 사고도 없이 모두가 완주했다.

처음 산행 때 너무나 힘들어했던 이시형 님은 어느 순간 믿음직스러운 정예 멤버가 되셨다. 완주한 모두에게 축하해 주고 싶다.

둘째 날(바다로 간 사연)

1박 2일의 대 반전! 바다로 간 백두대간 팀!

펜션에서 1박을 하고 충분한 휴식을 했음에도 다음 날 아침 전날 산행이 힘겨워서 다음 구간인 조침령 20.3km 산행은 무리라는 의견을 모았다. 양양 낙산사로 향했다. 여행하는 기분으로 즐거운 하루를 보내고 서울로 향했다.

설악산

36구간
(2017.06.24.)

누적 구간 700.67km.

백두대간 36구간, 구룡령~조침령까지 이해영, 이태웅, 최미란, 이혜련, 이시형 님과 6인은 새벽 2시 10분 구룡령에 도착했다.

구룡령~갈전곡봉~968.1봉~1080봉~조침령까지 21.80km이다.

모두들 입가엔 웃음이 활짝 피었다.

언제나 그렇듯이 어둠으로 사방은 분간할 수 없어 랜턴으로 주변을 밝히며 첫 목적지(1시간 40분 소요 예정) 갈전곡봉으로 발길을 옮겼다.

새벽 3시 12분 휴식을 취했다. 우리 멤버는 열정이 대단하다. 최미란 님이 손에 화상을 입어 병원 치료를 받고 왼손에 붕대를 감은 채 산행에 동참해 대단하다는 생각도 들고 한편 안타깝기도 했다.

잠시 휴식을 취하고 어둠과 바람소리를 들으며 갈전곡봉으로 향했다. 온몸은 땀으로 범벅이 되고 시원한 바람도 흐르는 땀을 식혀주지는 못했다. 안내 표지목이 구룡령 4.2km를 가리킨다.

조침령 17.05km(8시간 소요 예정) 우리가 가야 할 방향을 가리킨다. 산행 3시간째 푸른 나뭇잎 사이사이로 새벽빛이 들어왔다. 사진을 찍었다. 이혜련 님과 최미란 님 입가에 환한 웃음이 걸음을 가볍게 했다.

오전 6시 50분 어느덧 날은 밝았다. 부지런히 달려왔다.

안내 표지목은 거리 표시 없이 조침령 방향만 가리키고 있었다. 조침령을 향해 발길을 옮겼다.

양손에 스틱을 들고 왼손에 붕대를 둘둘 말고도 최미란 님 입가엔 웃음이 활짝 피었다. 그 뒤로 따라오던 이혜련 님도 입가에 웃음이 활짝 피었다.

어느덧 어둠을 헤쳐 온 시간을 뒤로하고 아침이 밝아 푸른 나뭇잎에 생기가 돌고 우거진 숲길을 따라와 보니 오전 9시 11분, 7시간을 왔다.

은근히 힘들다. 아니 진짜 힘들다. 모두들 표현을 안 할 뿐……

지금 쉬고 있는 곳이 어디쯤인지 모르겠다. 안내 표지목이 없다. 잠시 휴식을 취하고 다시 발길을 옮겼다. 한참 전 일행들은 앞서 갔고 최미란 님과 후미에서 따라갔다. 몇 분 사이로 다음 휴식지에 합류했다. 오전 9시 50분 이시형 님이 양손으로 브이를 하며 인증 샷! 입가에 웃음이 활짝 피었다. 좀처럼 나무숲에 가려 시야는 확보되지 않았다. 부지런히 걸어온 덕분에 시간도 여유로웠다.

오전 11시 08분 바람불이삼거리에 도착했다. 넓은 공터에 통나무 벤치가 두 개가 설치되어 있었고 그 벤치에 한쪽은 최미란 님과 이혜련 님이 머리를 맞대고 잠시 단잠에 빠져 있고 꿀맛 나는 휴식과 여유로움을 만끽하였다. 등로길은 힘든 코스는 아니지만 잠 한숨 못 자고 밤새도록 걸어와 몸은 피곤해도 이렇게 하나의 목표를 향해 함께할 수 있어 행복했다. 달콤한 휴식을 충분히 취하고 조침령을 향해 발길을 옮겼다. 그리고 잠시 발길을 멈춘 시간 오후 1시 18분 2시간가량을 걸어왔다. 작은 비석 하나가 눈에 띄었다.

영원한 산 (운봉) 이복록 님을 기리며. 백두대간 종주를 갈망하며, 장장 3년을 걸어오다 남은 3구간을 남겨 두고 아까운 나이에 생을 마감한 (운봉) 이운복 님을 영원히 기리며 여기에 나무 한 그루를 심

습니다. - 사랑하는 가족과 산 친구들 - 같은 산꾼으로 같은 목적을 가지고 오신 선탑자 님을 잠시 생각하며, 마음속으로나마 편하게 쉬시길 바랍니다. 삼가 고인의 명복을 빕니다.

오후 1시 35분 잠시 데크목에서 최미란 님과 함께 인증 샷! 시간상 조침령에 다 온 느낌이 들었다. 어느새 이시형 님과 이태웅 님은 일찍 도착해 길 양쪽에 서서 스틱을 높이 들어 팡파르로 우리를 반겨 주었다. 드디어 21.80km 조침령터널 앞에 도착했다.

산행 10시간이 소요된 이번 백두대간, 언제나 그렇듯 고생스럽고 힘들었지만 아무 사고 없이 무사히 도착해 기쁘고 화상으로 손에 붕대를 감고도 아픈 내색 없이 밝은 모습과 웃음으로 산행에 함께해 준 최미란 님에게 사랑한다는 말을 전하고 싶다.

37구간
(2019.06.15.)

우여곡절 끝에 다시 찾은 백두대간길, 포기하지 않고 찾았다. 앞으로 3구간만 가면 백두대간 완주! 누적 구간 712.67km.

백두대간 37구간, 오늘은 새로운 멤버 이종찬 님이 합류한 날이다. 그러나 우리의 에이스 이태웅 님과 이혜련 님이 합류하지 못해 아쉬움이 남는 날이기도 했다. 이해영, 이종찬, 최미란, 이시형 님과 5인은 오색삼거리로 향했다. 오색삼거리~점봉산~망대암산~1157봉~한계령까지 12.0km이다.

새로운 멤버 에이스 급부상 이종찬 님 합류에 한층 화기애애한 분위기로 점봉산을 향해 출발~~ 한계령을 향해 출발~~

오색약수터 주차장 광장에 모였다. 하늘은 별빛으로 반짝이고 주차장은 텅텅 비어 있었다. 사방은 어둠으로 분간할 수 없어 랜턴 불빛으로 산행 준비를 마치고 새벽 1시 10분 점봉산을 향해 출발했다. 점봉산(1,426m)까지 5.5km 해발 500m을 치고 올라가야 했다. 이번 12.0km의 가장 힘든 구간이라 생각했다.

이해영 님의 감각으로 어둠 속에서도 가야 할 방향과 길을 정확히 찾았다. 언제나 철저히 준비하는 좋은 습관이 몸에 배어 있는 듯!

해발 500m를 2km가량을 치고 올라갔다. 새벽 3시, 1시간 40분 가량을 걸어 오색삼거리에 도착해 이곳에서 휴식을 취했다. 온몸은 땀으로 범벅이 되어 잠시 쉬는 동안은 시원했으나 조금 지나자 금방 서늘해 바람막이로 몸을 보호했다.

새벽 3시 27분 두 번째 휴식을 취했다. 눈꺼풀이 무겁다. 최미란 님이 휴식을 이용해 눈꺼풀도 함께 쉬었다.

어느새 안내 표지목은 오색리 3.0km를 왔다고 가리켰다. 점봉산에서 해돋이를 보고자 시간 조절로 휴식 시간은 길어졌고 바람막이를 입고 있어도 한기가 밀려와 새벽 3시 28분 일출 시간에 맞춰 점봉산까지 천천히 느린 속도로 움직이고 있었다.

새벽 4시 17분 시간은 남았다. 단체 인증 샷! 그리고 5명의 발로 별모양 만들기, 백두대간 중 몇 번 별모양 만들기를 했다. 뭐니 뭐니 해도 웃음이 빠질 수 없었다. 웃음과 함께 새롭고 좋다.

좀처럼 일행들 보기가 힘들다. 휴식 시간이나 볼 뿐 어느 순간부터 뿔뿔이 흩어져 있었다. 오색삼거리에서 점봉산 오르는 구간도 된 오름으로 힘들게 걸어 새벽 4시 55분 점봉산정상에 도착했다.

점봉산정상에 오르는 순간 감탄사가 절로 나왔다. 우~와~ 멋지다. 새벽 운무가 능선 골마다 뭉게구름처럼 뭉실뭉실 피어있는 모습과 파란 하늘과 울긋불긋한 하늘이 눈과 마음을 호강시켜 주었다.

날씨가 흐려 명확하게 떠오르는 태양은 볼 수 없었으나 이 또한 자연이 주는 선물을 기쁘게 받았다.

자연이 준 선물에 한참 동안 기분을 만끽하며 사진과 동영상 촬영에 집중했다.

이해영 님이 우리를 향해 인증 샷! 스틱을 하늘 높이 들어 하늘을 향해 기쁨을 맘껏 표현했다. 하이파이브로 기쁨을 표현하기도 했다. 서로 행복한 마음을 느낄 수 있었다. 행복한 웃음과 함께 점봉산 (1,424m) 정상석에서 인증 샷! 운무에 가려진 붉은 태양의 빛은 멋졌다. 20분가량을 점봉산에서 행복한 시간을 보내고 한계령으로 가는 방향으로 시선이 돌려졌다. 한눈에 펼쳐진 능선으로 또 한 번 아름다운 산하를 볼 수 있다는 것에 감사함을 가져 본다.

충분한 휴식과 감상을 하고 망대암산(1,231m)을 향해 출발했다.

일출은 보지 못해 아쉬워하며 걸어가는 동안 구름 속에서 조금씩 모습을 드러내고 있는 일출을 사진과 동영상을 찍기 위해 애썼다.

망대암산으로 가는 길 여기저기 나지막한 들꽃들로 눈 호강을 제대로 시켜주며 편안한 마음으로 한계령으로 향한 발걸음은 가벼웠다.

아름다운 자연 속에서 걷고 있다는 것에 감사해 하며 능선 길을 따라 새벽 5시 55분 망대암산에 도착했다.

망대암산에서 아침 햇살과 함께 휴식을 만끽했다.

오전 6시 10분 아침 식사 시간, 각자 준비해 온 음식을 풀어 맛있게 먹고 한계령을 향해 출발했다. 한계령까지는 점점 가까워졌다. 그럴수록 발걸음은 가벼웠고 입가엔 즐거운 미소가 가득했다.

내리막 경사진 길을 계속 내려왔다. 쉴 수 있는 장소를 찾았다.

오전 7시 19분 아침 시간 나름 편안히 쉬었다. 피곤함이 밀려왔다. 잠시 나무에 기대 졸린 눈을 잠시 쉬게 했다.

30분가량 걸어갔다. 한눈에 보이는 것이 일명 UFO 모양의 바위에서 인증 샷! 돌산도 아닌 깊은 숲속에 덩그렇게 놓여있는 UFO 바위, 자연의 신비함을 보는 듯했다. 한계령 2km 못 미쳐 첫 번째 암릉 구간이 나왔다. 유명한 돼지코 바위가 하늘을 바라보는 큰 바위였다. 돼지코 바위를 지나 두 개의 큰 바위가 나타나고 이해영 님이 먼저 도착해 우리 일행들을 기다리고 있었다.

최미란 님, 이시형 님 순으로 통과하고 다음으로 이종찬 님의 차례가 되었다. 두 개의 큰 바위 사이로 좁은 공간을 통과해야만 했다.

빨간 목장갑을 끼고 1단계 엎드려 2단계 똑바로 일어서 3단계 통과하기, 그러나 양쪽 어깨가 바위에 꽉 끼고 말았다. 4단계 어깨 비틀기에 들어가 옆으로 서서 빠져 나와 허리를 숙여 통과했다.

나는 기어서 통과하는 것이 당연했다. 본격적인 암릉 구간이 시작되고 바윗길은 로프를 잡고 오르고 내려가고, 또 오르고 내려가다 보니 어느새 마지막 암릉 구간 정상이 나왔다. 가장 높은 암릉 구간에 올라서니 한계령으로 이어지는 옛 영동고속도로와 한계령휴게소가 한눈에 보이는 멋진 비경이 펼쳐졌다.

내려가고 또 내려가고 또 내려서면 암릉의 끝, 긴장하며 내려왔다.

오전 9시 30분 잠시 휴식을 취하면서 간식으로 떨어진 체력도 보충하고 오전 9시 40분 마지막 한계령 목적지를 향해 출발했다.

한계령으로 향하는 하산 길은 길이 좋아 편안히 걸을 수 있었다.

마지막 구간은 긴장해야만 했다. 이번 구간 역시 비법정 탐방로 구간이다. 지킴이를 피해 샛길을 선택할 수밖에 없다. 무사히 통과! 비탐방로지만 대간길을 걷다 보면 할 수 없이 법을 어기면서 통과를 해야만 한다.

오전 10시 25분 구간산행이 끝났다. 9시간 소요된 산행 2년 만에 재개한 이번 백두대간 37구간은 기억에 오래 남을 것이다.

38구간

(2019.06.29.)

25.25km 부담스런 거리는 분명했다. 1박 2일로 갈까! 말까? 고민도 했었다. 최종 의견을 수렴한 결과 한 번에 가는 것으로 결론이 났다. 지도상 소요 예정 시간은 15시간, 마의 이번 구간만 무사히 완주한다면 백두대간 완주가 코앞에 있다. 누적 구간 737.87km.

백두대간 중 가장 힘한 설악산 38구간, 한계령~미시령구간이다.

이종찬 님과 두 번째 산행! 이해영, 이종찬, 최미란, 이시형 님과 5인은 한계령으로 출발해 밤 11시 20분에 도착했다.

한계령~능선삼거리~1461봉~끝청~중청~설악산(대청봉)~무너미고개~마등령삼거리~저항령~황철봉~미시령까지 25.2km이다.

주차장 가로등 아래서 산행 준비를 하고 밤 11시 30분 산행을 시작했다. 이곳을 몇 번 와 봤기 때문에 익숙한 장소였다.

중청까지 7.5km(4시간 25분 소요 예정) 설악산(대청봉)으로 힘찬 발걸음을 옮겼다.

산행의 시작! 첫 발걸음은 힘차게 띠었지만 급경사 계단을 올라가면서 벌써 숨은 턱까지 차 헉! 헉! 거리고 말았다. 안내 표지목엔 한

계령 0.5km를 가리킨다.

  시작부터 급경사 계단 길을 숨 가쁘게 오르기 시작했다. 온몸은 땀으로 범벅이 되고 위령비를 지나 숲길을 랜턴으로 길을 밝히며 발걸음이 저절로 분주해졌다. 해발 920m인 한계령휴게소에서 시작해 바로 오름구간으로 이어지고 한참을 걷다 보니 한계령삼거리에 도착하니 안내 표지목이 대청봉 6.0km를 가리켰다. 커피를 한 잔씩 마시며 잠시 휴식을 취했다.

  바쁘다 바빠! 한 손에는 스틱을 들고 한 손으론 랜턴을 비추고 그리고 가쁜 숨도 참으면서, 동영상 촬영에 분주했다.

  새벽 2시 안내 표지목이 한계령 3.5km를 가리켰다. 능선 길이 시작되면서 짙은 안개가 밀려와 가는 길을 더디게 만들었다. 약 2시간 50분 정도 걸어왔는데 안내 표지목은 한계령 4.1km를 가리키고 등로길이 미끄러워 속도를 낼 수가 없었다. 가던 길을 멈추고 잠시 휴식을 취했다. 랜턴을 끄고 캄캄한 밤하늘을 바라보니 무수한 별들이 아름답게 반짝이고 있었다. 설악산 국립공원답게 500m마다 안내 표지목이 잘 설치되어 있었다. 밤에는 랜턴 불빛을 비춰야만 동영상이 잘 나온다. 랜턴을 비춰 가며 동영상 촬영에 집중했다.

  산행을 시작한 지 4시간 30분이 지나 안내 표지목이 대청봉 1.1km 가리키고 끝청에 도착할 무렵 진행하는 방향에 대청봉 정상이 어렴풋이 보이기 시작했다.

계속 감탄사가 터졌다. 와우~ 한순간을 놓치기 아까워 긴 시간 동안 동영상을 찍었다.

  대청봉 위로 환한 달이 떠있고 일출이 시작되는 하늘과 어우러져 아름다운 조화를 이루고 있었다. 자연의 멋스럼에 반해 중청대피소 방향으로 발길이 자동으로 가고 있었다. 오늘 대청봉만을 바라보고 가야 하는 이유는 대청봉에서 해돋이 감상을 하려 했다.

  일출 시간까지 한참 남아 대청봉 정상은 포기하고 희운각대피소로 발길을 옮겼다. 소청에서 희운각대피소까지 2km 이상이 급경사 내리막 구간이다. 몇 년 전 다녀갔던 길이지만 엊그제 일처럼 기억이 생생했다.

계속 내려가고 내려가는 길이 힘도 들고 적응이 안 되었다.

  새벽 5시 붉은 태양은 떴다. 그러나 태양이 구름 속에 가려진 광경이 또 다른 아름다운 모습을 연출하고 그 광경을 보기 위해 가던 발길을 멈추게 했다. 내려가는 길을 약간 벗어나 전망 좋은 곳을 찾아 아름답고 예쁜 아침 하늘을 사진에 담으며 입에서는 감탄사가 절로 나왔다. 희운각대피소가 보이면서 마지막 계단을 뚜벅뚜벅 내려가 새벽 5시 45분 희운각대피소에 도착했다. 6시간 15분 동안 걸어 11km를 왔다. 벌써 이만큼 왔네. 희운각대피소에는 설악산을 찾은 사람들로 북적거렸다. 아침 식사를 하기 위해 빈 테이블에 자리를 잡고 아침 준비를 서둘렀다. 아침 주 메뉴는 이시형 님이 준비한 카레와 이종찬 님이 준비해 온 훈제 삼겹살로 푸짐했다. 40분 정도 아침 식사와 휴식을 취하고 서둘러 다음 구간으로 출발했다. 마등령삼거리 4.4km(약 4시간 소요 예정).

오전 6시 40분 마등령을 향해 출발~ 그런데 10분가량 걸어갔다. 고개를 치켜들어 바라본 급경사! 한참을 로프를 잡고 올라갔다.

지나온 대청봉이 시야에 들어왔다. 그러나 운무에 가려 정확하게 보이질 않았다. 급경사 오르막길은 계속 이어지고 네 번을 공룡능선 산행을 했었다. 네 번 다 마등령에서 희운각 방향이었는데 오늘 구간은 희운각에서 마등령 방향으로 가는 길은 처음 온 것처럼 다가오는 풍경들이 새롭게 보였다. 급경사로 고개를 들어 쳐다봐야 사진이건 동영상을 촬영을 할 수 있었다. 안내 표지목이 마등령 삼거리 4.1km를 가리킨다. 처음부터 공룡능선의 자태를 볼 수 있었다. 사방을 둘러봐도 아름다운 풍경에 감탄사가 절로 나왔다.

바람도 시원하고 풍경도 아름답고 그냥 갈 수가 없다. 최미란 님 인증 샷! 행복해 보이는 모습을 보면 덩달아 행복했다.

시야가 너무도 좋다. 눈으로 보이는 모든 곳이 한 폭의 그림처럼 공룡능선 모습에 감탄했다. 멋진 풍경을 보고 있으면 힘든 줄 몰랐다. 오늘은 동영상 촬영에 열중했다. 사진도 좋지만 이렇게 멋진 풍경이 살아 있듯이 동영상에 담을 수 있어 행복했다. 안내 표지목은 마등령삼거리 3.0km를 가리킨다. 오르고 내려가고를 반복해 힘이 들고 숨은 차오르지만 잠시 풍경을 바라보면 힘든 것이 사라졌다.

오전 9시 가장 긴 급경사를 올라가 중턱에서 네 명을 불러 세웠다. 포즈 취하세요~ 스틱을 하늘 높이 향해 사진과 함께 동영상에 담았다.

안내 표지목이 마등령삼거리 2.1km 남았다고 가리킨다. 공룡능선의 자태에 매료되어 걷다 보니 마등령삼거리까지 1.2km를 남겨 두고 있다. 풍경에 도취되어 좀처럼 진행 속도가 나질 않았다. 예상 시간을 훨씬 넘긴 오전 10시 57분 마등령삼거리에 도착했다. 산행 시간 10시간 30분을 넘기고 있다. 미시령까지 9.5km 가면 된다는 생각에 마음은 여유로워졌다. 지도상으로 5시간 15분! 몇 군데 너덜지대 구간으로 예상시간보다 더 많이 소요될 것으로 생각은 했지만 이때부터 좀처럼 속도가 나지 않았다. 내리막과 오르막이 반복되고 너덜지대 구간은 설악산 귀때기청봉에서 익히 경험을 했던 터라 힘겨울 것이라 생각은 했었다. 하지만 첫 번째 너덜지대는 시작에 불과했다. 20분가량을 너덜지대를 지나왔다.

오전 11시 41분 점심 식사와 휴식 장소를 찾았다. 주 메뉴는 컵라면. 그리고 이때부터 작전이 들어갔다. 시간이 만만치 않다는 걸 알았다. 물 부족 사태 조심! 이시형 님이 5명에게 동일하게 물 분배를 했다.

점심시간은 예상보다 길었다. 최미란 님은 잠시 수면으로 체력 보충도 하고 충분한 휴식을 취했다. 오후 12시 38분 오후 산행을 시작했지만 긴 산행 시간으로 체력은 지쳐 있고 너덜지대 구간은 지친 몸을 더욱 힘들고 지치게 만들었다. 햇빛은 점점 강렬하게 비추고 갈증은 계속 반복적으로 나타났다. 500ml 각 1병이 전부였다. 아끼고 아껴야만 했다. 목만 축일 정도로만 마셨다. 마등령 삼거리를 지나면서 안내 표지목이 없다. 잠시 우리가 가고자 하는 길을 찾을 수가 없었다. 뒤에서 지켜 주고 있던 이해영 님이 앞으로 와 바로 길을 찾고 산행을 이어 갔다.

능선 멀리 바라보았다. 너덜지대 내리막 시작으로 황철봉까지 오르막 구간, 힘내고 가야만 했다.

너덜지대는 바위들이 집채만큼 크다. 그래서 좀처럼 속도는 제자리다. 안전도 생각해야만 했기 때문에 속도는 엄두를 못 냈다.

황철봉까지 1.4km 오르막 구간을 250m가량 또 올라가야 했다. 오후 3시 11분 계속된 너덜지대는 예상치 못하게 우리의 발걸음을 느리게 하고 힘들게 했다. 황철봉 정상 조금 못 미친 곳에서 걸어온 길을 뒤돌아보니 저 멀리 대청봉이 조그맣게 시야에 들어왔다. 어마어마한 너덜바위 구간, 큰 바위들로 이뤄진 너덜 구간에 "헉" 소리가 입에서 절로 나왔다. 그리고 황철봉은 좀처럼 나타나지 않았다. 점점 지루하고 지쳐 가는 듯했다. 30분가량 걸어가니 황철봉 안내 표지목이 보였다. 힘들게 걷고 걸어 오후 4시 26분 황철봉 정상에 도착했다.

20.75km 산행시간 17시간째. 생각보다 길어진 산행시간, 그러나 앞으로 4.5km 남았다. 희망을 생각했다.

계속된 너덜지대는 마음을 무겁게 했다. 물이 부족해 마실 수 없어 갈증도 나고 몸은 지치고 다리와 발바닥 통증으로 삼고를 치르는 산행을 하고 있었다. 오후 5시 22분 가던 길을 멈췄다. 목적지인 미시령이 눈앞에 보였다. 저 멀리 보이는 능선만 가면 오늘 산행은 종료된다. 바로 멈춘 곳이 마지막 너덜지대 구간, 힘을 내고 힘차게 다시 출발했다. 풍경은 멋있었다. 병풍처럼 펼쳐진 울산바위가 보이고 미시령에서 바라보던 울산바위 모습과는 또 다른 모습을 보여 주고 있었다.

풍경이 멋있어 최미란 님이 울산바위 배경으로 인증 샷! 그러나 항상 웃음을 잃지 않는 얼굴에는 웃음이 사라졌다.

마지막 너덜지대 위력이 발길을 멈추게 했다. 서 있기도 힘들어 바위에 걸터앉아 사진을 찍었다. 다시 힘을 내 출발하면서 지나온 길을 쳐다보니 어마어마한 너덜지대에 또 놀라고 멀리 뒤떨어진 이종찬 님은 엉덩이로 바위를 내려오는 모습에 울어야 할지 웃어야 할지…… 앞서 걷고 있던 이시형 님은 시야에서 언제부터 안 보이고 앞서 걷고 있는 최미란 님 뒤를 따라갔다. 너덜지대 앞에 숲이 보이고 이곳만 벗어나면 너덜지대를 벗어나는 줄 알았다.

그러나 끝이 아니었다. 또 하나의 쌍둥이 너덜지대가 시야에 들어온 순간 한숨의 소리가 귓가에 들렸다.

드디어 너덜지대로부터 해방됐다. 2km의 계속된 내리막으로 힘겨운 코스는 분명했다. 너덜지대 구간을 벗어나 숲길을 걷는 순간 이렇게 편할 수가 없었다. 발길이 빨라졌다. 어느 순간부터 날씨가 흐려지고 빗방울이 조금씩 떨어지기 시작하면서 선두팀은 더욱 걸음이 빨라졌다. 동영상을 찍으며 따라가기가 바빴다.

오후 7시 13분쯤 숲속에 가려졌던 미시령이 보이기 시작하면서 이제는 다 왔다는 안도의 숨을 쉴 수가 있었다. 이해영 님이 선두에 최미란 님이 바로 뒤, 그리고 나, 그 뒤로 이종찬 님과 이시형 님이 따라오고 있다. 마등령부터 미시령구간도 비탐방로 구간으로 지킴이가 있는지 상황을 살펴봐야 했다. 다행히 지킴이는 없었고 오후 7시 20분 힘들고 지친 몸으로 미시령 정상에 도착했다. 미시령 표지석 앞에서 단체 인증 샷으로 오늘 구간산행이 끝났다.

총 19시간 40분이 소요된 백두대간 38구간은 힘겨우면서도 등산객들이 가장 아름답다 하는 설악산 구간을 모두가 아무런 사고 없이 무사히 완주했다. 인제 택시를 타고 차량이 주차된 곳 한계령 휴게소로 이동해 가족이 있는 서울로 향했다. 고단하고 힘들었던지 차량에 탑승하자 일행들은 잠에 빠져들었다.

함께하는 이들이 있기에 감사하고 행복한 순간이었다.

39구간
(2019.07.13.)

　19시간 40분 소요된 힘겨웠던 지난 구간의 날머리 미시령! 백두대간 완주가 오늘로써 마지막 구간 산행이다. 지리산부터 진부령까지 포기할 수는 없고 포기하고 싶지도 않았고, 그러나 언제 완주할 수 있을까? 벌써 5년이란 시간이 흘렀다. 집념으로 왔던 지난 세월의 흔적과 동료들과 함께한 추억의 순간들! 이번이 마지막 구간이라 생각하니 서운하기보다 시원하다는 생각이 먼저 들었다. 누적 구간 754.31km.

　백두대간 39구간, 미시령~진부령까지 이해영, 이종찬, 최미란, 이시형 님과 5인은 새벽 1시 미시령에 도착했다.

　미시령~샘터~상봉(돌탑)~화암재~신선봉~대간령~마산봉~콘도 101동~641.8 삼각점~진부령까지 16.44km이다. 차량으로 이동 중 인제 시내를 지나면서 도로 옆 쉼터 가로등 밑에서 산행 준비를 하고 미시령 정상으로 향해 간다. 미시령부터 마산봉까지 비탐방로 구간으로 지킴이를 의식해 긴장하면서 차량에서 내려 도로 절계지역으로 움직여 산행을 시작했다. 지난 구간 때 함께했던 이종찬 님은 발목 부상으로 오늘 등반에는 참여하지 못하고 대신 운전으로 봉

사해 주기로 했다. 선두에 이해영, 최미란, 이시형 님 순으로 랜턴도 켜지 못한 채 정신없이 도로 절계지를 오르기 시작했다. 처음부터 절계지는 급경사로 길도 없고 방향만 잡아 올라야 했다. 바람은 세차게 불어 몸을 가누기도 힘겨운 상황이었다.

숨죽이고 첫 발걸음은 힘차게 떼었지만 급경사로 숨은 턱까지 차오르고 세찬 바람이 불어와 몸이 제대로 제어가 안 되었다.
　산행 시작 후 금세 온몸은 땀으로 범벅이 되고 1.3km(40분 소요 예정) 정신없이 걸어왔다. 장마 기간으로 걱정은 했지만 다행히 비는 오지 않았다. 샘터에 도착해 숨고르기만 하고 바로 상봉(돌탑)을 향해 발길을 옮겼다. 고도가 높아질수록 안개가 자욱해 한 치 앞도 분간하기 쉽지 않고 더더욱 바닥은 물기로 미끄러워 주의를 하며 걸어야 했다. 짙은 안개로 랜턴을 비춰도 시야는 좁았다. 사진이나 동영상을 제대로 찍을 수가 없었다. 하지만 기록을 남긴다는 생각으로 최선을 다했다.

세찬 바람을 피해 방공호에서 휴식을 취하면서 달콤한 커피 한 잔으로 여유로움도 즐겼다.
　정상에 다다를수록 짙은 안개로 3~4m의 가시거리도 확보가 안 되었다. 새벽 2시 40분 어느새 상봉(돌탑) 해발 300m를 급경사를 치고 올라왔다. 진행하고 있는 등로길에는 안내 표지목이나 시그널 리본도 없었고 상봉에서 화암재로 내려가는 길은 200m가량은 내리막 급경사 바위길로 이루어져 있었다.

　야간이라 길 찾기와 곳곳에 위험한 구간이 요소요소 있어 이해영 님이 계속 선두에 서서 안전하게 진행할 수 있는 곳을 찾으며 급경사 위험 구간을 내려가기 시작했다. 말 그대로 "직각"에다 바위로 암릉 구간이었다. 랜턴으로 불빛을 비춰도 제대로 보이질 않기 때문에 차근차근 신경 쓰면서 한 발 한 발 안전하게 진행해 새벽 3시 35분 화암재에 도착했다. 우측 시그널리본을 보고 내려갔다. 하지만 이 길이 아니었다. 잘못하면 길게 알바를 할 뻔했는데 다행히 짧게 하고 뒤돌아 설 수 있었다.

　시그널리본의 함정! 시그널리본이 많이 펄럭이고 있었다. 하지만 정작 우리가 가야 할 길은 시그널리본이 없었다. 그래서 시그널리본

을 하나 풀어 신선봉 가는 방향에다 묶었다.

　잠시 휴식을 취하고 신선봉으로 출발했다. 화암재에서 내려온 만큼 신선봉까지 다시 200m를 올라가야 했다. 계속 이어지는 암릉 구간들, 바위들이 물기로 얼음 빙판길처럼 몹시 미끄러웠다.

　새벽 4시 15분 신선봉에 도착하니 바람은 더욱 세차게 불고 주위는 짙은 안개로 한 치 앞도 분간하기 어려웠다. 신선봉 푯말이 초라했지만 그래도 인증 샷을 찍고 가야 할 길을 찾아야 하는데 도무지 길이 보이질 않고 길을 찾을 수가 없었다. 당황스러웠다. 찾는 방법은 통신 줄을 찾아야 했는데 찾기는 했지만 가짜 방향이었고 이해영 님이 계속 앞장서서 찾는 중에 나도 나서서 찾다가 바위에 미끄러지면서 왼쪽 무릎을 바위에 부딪치고 말았다.

넘어지는 순간! 아찔했는데 다행히 바위 밑으로 구르진 않고 반대 바위에 무릎을 부딪쳐 잠시 동안 꼼짝 못할 정도의 통증이 밀려왔다.

　절뚝거리긴 했지만 걸을 순 있어 다행스러웠고 때마침 이해영 님이 진행해야 할 길을 찾아서 다행이었다. 신선봉(1,204m)에서부터 대간령까지 3km 내리막이다. 정신을 가다듬고 하산에 집중했다.

　어느새 해가 밝기 시작했다. 하산하는 도중에 나무 사이로 해가 뜨기 시작했다. 부지런히 걸었다.

**　발걸음이 무척 빠르다. 따라가기도 벅차다. 최미란 님을 불러 새웠다. 인증 샷! 으로 잠시 보조를 맞출 수가 있었다.**

날이 밝으면서 운무와 어우러진 멋진 풍경이 눈앞에 보였다.

자연이 주는 멋진 광경을 보면서 산행은 이어지고 아침 태양에 비친 동해 바다 모습도 보이고, 하늘엔 구름이 두둥실 떠다니고, 시간이 지날수록 운무는 사라지기 시작했다. 새벽 6시 20분 대간령에 도착했다. 안내 표지목이 마산봉 3.0km를 가리킨다. 대간령에서 아침 식사를 하기로 했다. 등산로를 조금 벗어난 곳에 자리를 잡고 준비해 온 식재료를 가지고 식사 준비를 했다. 주 메뉴는 직화짜장이다.

짜장 재료에 감자, 당근, 양파를 잘게 썰어와 돼지고기와 함께 코펠에 넣고 끓기 시작하면 직화짜장 소스를 넣고 마지막에 햇반을 넣어 푹~ 끓였다. 김치와 함께 아침 식사는 맛있게 먹었다.

아침 식사를 하고 마산봉까지 3.4km(1시간 55분 소요 예정) 올라가야 했다. 첫 번째 구간은 급경사로 이루어져 있다. 고개를 꺾어서 봐야만 보였다. 해가 뜨고 등로길도 찾기가 수월해지면서 최미란 님과 이시형 님이 먼저 선두에 섰다. 이해영 님은 뒤에서 지켜 주고 있고 선두에선 두 사람은 쉼도 없이 달려 댄다. 무릎 통증으로 파스와 무릎보호대를 대고 움직여도 무릎 통증이 밀려왔다. 통증으로 속도를 낼 수가 없었다.

선두는 막~ 달린다. 달아난다. 인정사정 볼 것이 없다.
걸음을 옮길 때마다 점점 무릎 통증으로 진행 속도는 떨어졌다.

저 멀리 암릉이 병풍처럼 시야에 들어왔다. 순간을 놓칠세라 사진과 동영상을 연신 찍어댔다. 길이 험해지면서 선두에 이해영 님이 그 뒤로 최미란 님, 이시형 님, 그리고 맨 뒤에 항상 동영상 맨!

암릉길을 잠시 올라가다 진행하기 수월한 우회길을 찾아 거리 단축도 하고 조금이나마 편한 길로 무릎 통증을 줄일 수 있었다.

10분가량을 우회길로 걸어서 멈춘 곳. 안내 표지목이 병풍바위 1.5km를 가리킨다. 반대편으로 암봉은 60m를 가리킨다. 많이 온 듯했다. 숲길에 시그널리본들이 우리를 반기듯 펄럭이고 있었다. 마산봉까지 꾸준히 올라가는 산길이다. 속도를 낼 수 없는 나를 위해 이해영 님이 보조를 맞춰 천천히 따라 오셨다.

오전 8시 50분 선두는 기다리고 있었다. 천천히 가시라고 했다.

좌측으로 가면 병풍바위 우측으로 가면 마산봉이었다.

하지만 선택을 해야만 했다. 그러나 병풍바위는 경치가 좋다고 했다. 하지만 무릎이 아파 우회길인 우측 마산봉을 택했다. 거리와 시간은 여유로웠으나 마음의 여유가 없었다.

어느덧 안내 표지목이 우측으로 마산봉 30m를 가리킨다. 좌측은 하산 길 알프스리조트 방향, 그러나 아무리 꾀가 나도 백두대간 마지막 봉우리 마산봉은 보고 가기로 했다. 오전 9시 40분 백두대간 마지막 봉우리 마산봉 정상에 도착했다. 마산봉에서 바라본 전경은 알프스리조트를 비롯해 마을이 한눈에 들어왔다. 마산봉(1,052m)

정상에서 담소와 기쁨을 함께 나누었다.

　백두대간의 마지막 봉우리 마산봉 정상석에서 이해영 님과 나는 엄지 척 하고 인증 샷! 날씨가 화창하면 북한산들이 보이고 금강산도 보인다 한다. 백두산까지 연결된 백두대간을 더 이상 갈 수 없어 여기에서 종료해야 한다. 속히 남북한이 자유로이 왕래라도 할 수 있기를 빌어본다.

　우린 다시 30m를 내려와서 샴페인 대신 포도주스로 백두대간 완주를 기념하기 위해 간단하게 축배의 잔을 들었다. 무릎은 아파도 기분은 좋았다. 기분 좋은 휴식을 취하고 내리막길인 콘도101동 1.9km를 향해 발길을 옮겼다. 오전 10시 7분, 20분가량을 내려오니 철조망이 보이고 백두대간 선탑 산꾼들이 걸어놓은 시그널리본

수백 개가 철조망에 주렁주렁 걸려 있는 모습이 진풍경이기도 했다. 마지막 경사진 길을 지나니 평지! 도착지를 알리는 듯했다.

1차로 마지막을 기념하기 위해 발길을 멈추게 했다. 동영상 촬영! 2차로 나도 동영상 속에 담아 주었다. 3차로 이해영 님도 잠시 멈추게 했다. 선두에서 한 명씩 연속 촬영 인증 샷!

오전 10시 50분 마지막 구간을 하산과 함께 백두대간 대장정에 성공하는 순간이었다. 이종찬 님이 음료수와 아이스크림을 준비해 마중을 나와 있었고 덕분에 그늘진 곳에서 맛있게 먹고 30여 분 동안 휴식을 취하고 다음 백두대간 종주 기념공원으로 향했다.

기념공원에는 70여 개의 백두대간 종주 기념비가 질서정연하게 세워져 있고 산꾼들의 열정을 다시 한번 눈으로 볼 수 있는 자리였다.

오전 11시 35분 드디어 진부령 표지석 앞에 도착했다. 이시형 님이 플래카드를 준비해 이해영 님 필두로 종주 기념 사인식을 거행하고 인증 사진으로 감개가 무량하게 백두대간 산행을 종료했다. 때로는 힘들게 때로는 즐겁고 행복하게 산행을 했고 단 한 사람도 큰 사고 없이 종주할 수 있었던 것에 무엇보다 감사하다.

지리산에서 설악산 진부령까지 1천 9백 리를 왔다. 백두대간 완주를 축하합니다. 2014년 08월 15일 ~ 2019년 07월 13일 행복한 동행 가족 일동. 단체 인증 샷!!!

처음 시작한 지리산에 박철순, 이해영, 장태흥, 김호연, 이용주 5명이 첫 발의 시작으로 이해영, 이종찬, 이시형, 최미란, 이용주 5명이 진부령까지 왔다. 그중 이해영, 이용주 두 사람만이 백두대간을 완주했고 그 외 오을섭, 이태웅, 이혜련, 헌영기, 이성재, 곽희성, 박정민, 허성찬 님 총 14분이 참여해 백두대간 종주를 빛내 주셨다. 모든 분들께 감사 말씀 전하고 싶다.

처음 시작은 멋모르고 참여했고 시간이 흐르고 구간구간을 완주하며 마음속에 느끼는 감동이나 정서가 헤아릴 수 없을 만큼 큰 감동을 받았다.

이해영 님이 백두대간을 처음 기획하고 어려운 환경 속에서 한 사람 한 사람을 케어(care)해 주셨기 때문에 아무 탈 없이 올 수가 있었다.

정작 본인의 건강은 뒤로하는 모습에 안타까운 생각도 들었다. 그래도 우리들을 최우선으로 생각하고 마음 써주고 챙겨 주셨다. 함께 동행해서 행복했습니다. 나의 마음속에 진정한 슈퍼스타입니다. 백두대간 완주를 진심으로 축하드립니다. 고맙고 감사합니다.